写真でたどる、現代の

東海道五十三次を往く

下巻

見付宿～三条大橋

写真でたどる、現代の

東海道五十三次を往く 下巻

目次

はじめに　4

二十八 見付宿　6

二十九 浜松宿　10

三十 舞坂宿　14

三十一 新居宿　18

三十二 白須賀宿　22

三十三 二川宿　26

三十四 吉田宿　30

三十五 御油宿　34

三十六 赤坂宿　38

宿場町を知る①　42

三十七 藤川宿　44

三十八 岡崎宿　48

三十九 知立宿　54

間宿　有松　58

四十 鳴海宿　60

四十一　宮宿　64
宿場町を知る②　69
四十二　桑名宿　70
四十三　四日市宿　74
四十四　石薬師宿　80
四十五　庄野宿　84
四十六　亀山宿　88
四十七　関宿　92
四十八　坂下宿　98
四十九　土山宿　102

五十　水口宿　106
五十一　石部宿　110
五十二　草津宿　114
宿場町を知る③　118
五十三　大津宿　120
三条大橋　128
上巻ダイジェスト　134
東海道五十三次　美味20選　140
あとがき　144

はじめに

関ヶ原の戦いに勝利した徳川家康は、その翌年、慶長6(1601)年より天下統一に向けたまつりごとを着々と進めていく。江戸・日本橋を起点とした五街道もその一つ。一里ごとに一里塚を置き、人馬を配した宿場を設けて公用の移動は無料で次の宿まで乗り継げるようにした。

中でも江戸から京都を結ぶ東海道は、約492㎞に及ぶ道中に53の宿場が設けられ、諸大名の移動や商いを支える交通の要となり、やがて庶民の参拝や湯治の旅路ともなった。

その姿を今に伝えるのが歌川広重の『東海道五十三次』だ。単なる名所図会ではなく、人々の暮らしぶりや季節の移ろい、厳しい旅の様子までを生き生きと描いた横大判の迫力ある錦絵が大評判となる。

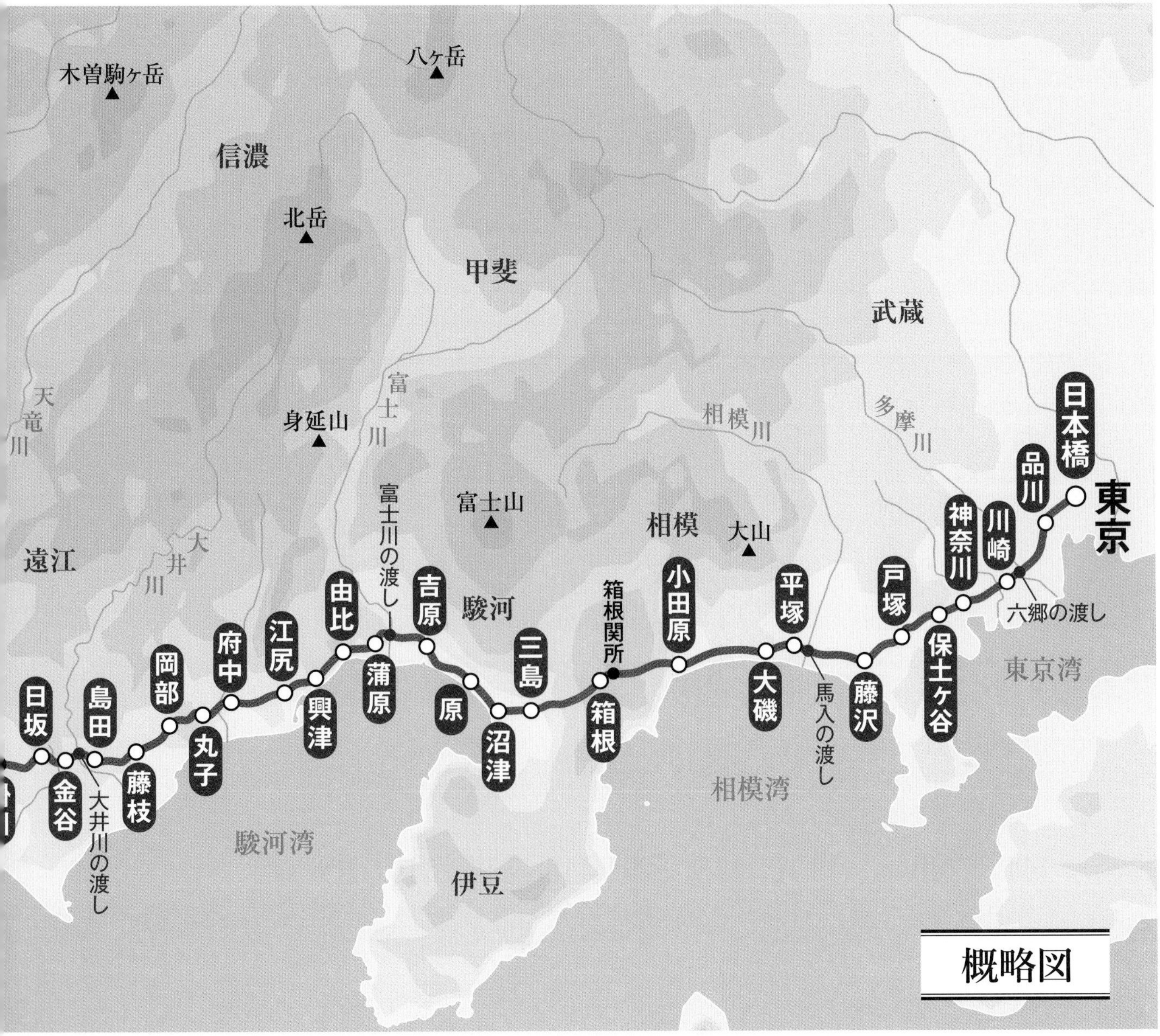

概略図

本書は東海道五十三次を一宿ずつ訪ね歩いてまとめたものである。ページを繰りながら旅の気分を追体験できるよう、広重の錦絵と重ね合わせた沿道の面影を写真と地図でまとめた。今も変わらぬ名物や土産物、江戸の旅の豆知識なども拾い集めてコラムとした。

広重の描いた景色は大きく変わってしまったが、地形や街道の道筋に往時の面影が残る場所は少なくない。戦火を免れた大本陣の堂々たる姿や、江戸から明治の町家が２００軒も連なる町並みなどに時代を越えた旅を味わえることだろう。

なお、本書に収録したのは見付宿から京都・三条大橋まで。日本橋から袋井宿までは上巻をお読みいただければ幸いである。

※この記事は川崎市および横浜北部エリアで発行しているプレミアムフリーペーパー『ミスモ』の創刊15周年企画として本誌に連載した記事を再編集したものです。内容や写真は２０１８年10月から２０２３年12月に取材、撮影したものを中心に、一部加筆修正および追加撮影しています。

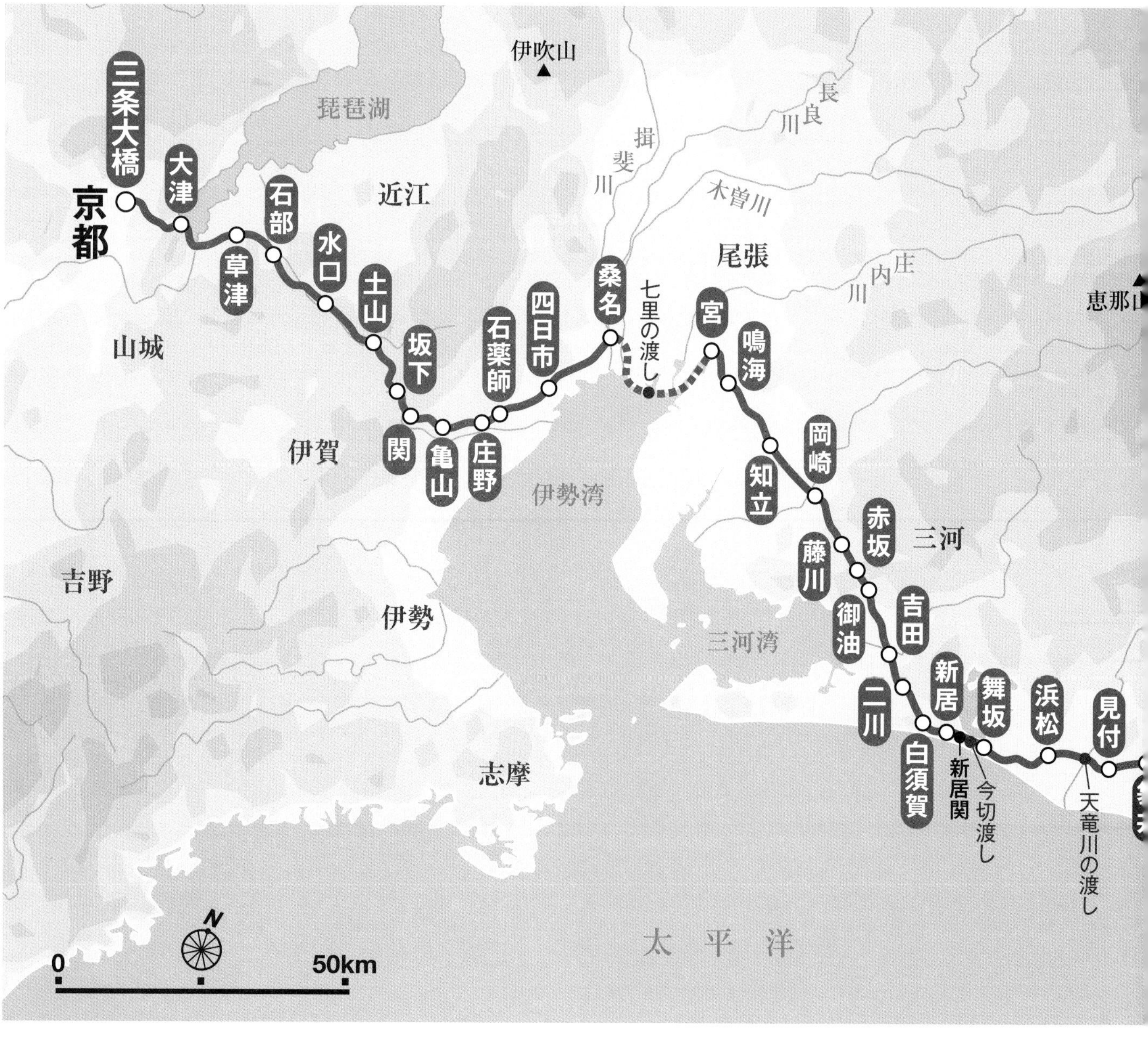

見付宿

二十八

みつけ

本陣跡周辺

本陣跡は旧見付学校から比較的近く、街道の両側にある。本陣跡のほか、脇本陣跡、木戸跡、問屋場跡にも同様の木札が設置されている。

現 在

見附「天竜川」

天竜川

昔は船で渡っていた天竜川。浜松側へ渡ると、船場橋跡がある。川幅が広く、流れは比較的穏やか。夕暮れの静かな河原で、童心に戻って水切りを楽しんだ。

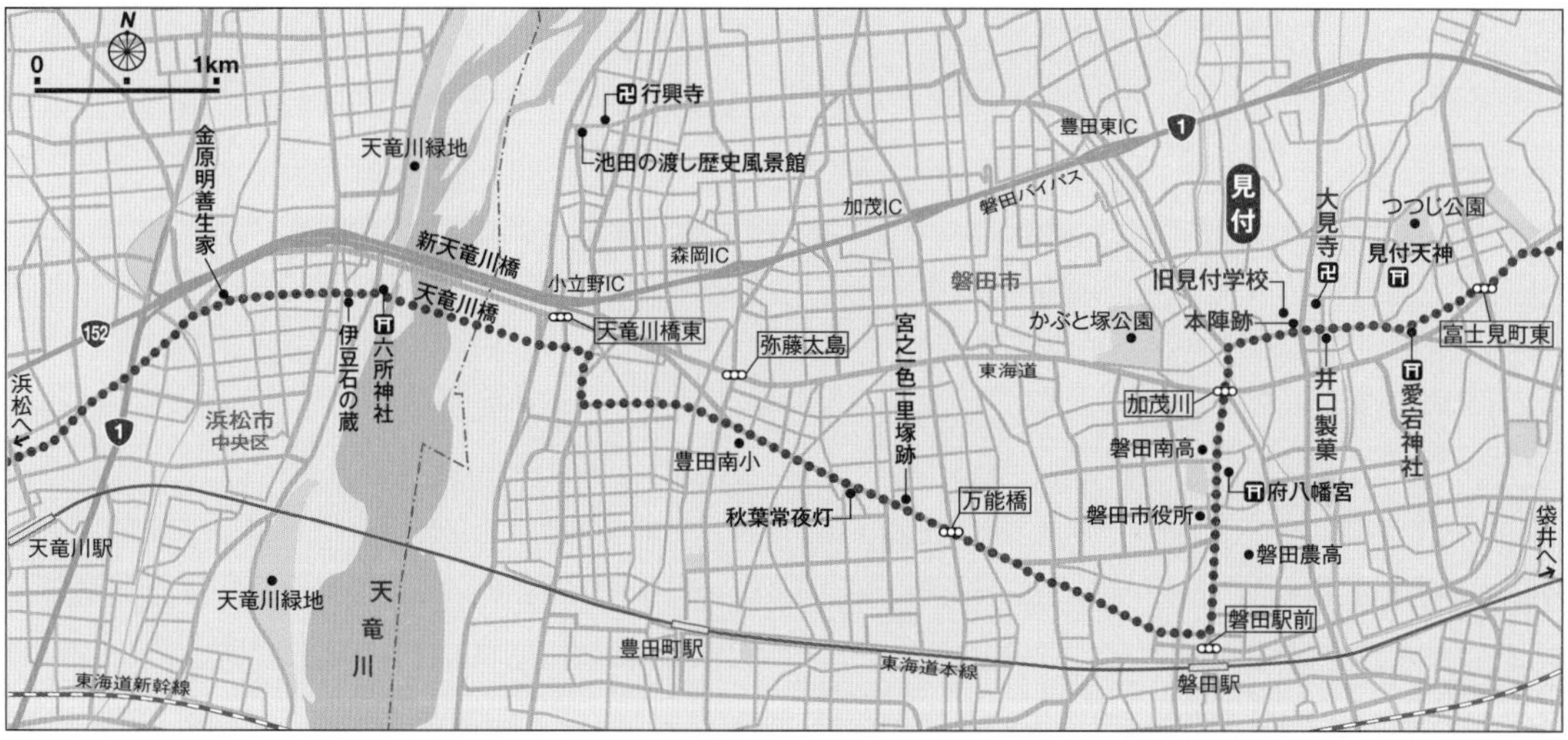

西から東海道を進むと、ここで初めて富士を見付けられることから「見付」の名がついたといわれる。平安時代には遠江国の国府が置かれ、古くから栄えた町。江戸時代には天竜川の川越宿としてにぎわった。付近には神社や寺院が点在するのが特徴で、史跡とともにゆっくりと巡るのもよい。また、道の北側の高台には旧見付学校の白亜の校舎が見え、地域におけるシンボリックな存在となっている。

愛宕神社

見付宿の東入口付近にあたり、火防の神として鎮座。石段を上がると宿場町全体が見渡せる。

大見寺

天明5(1785)年に世界初の滑空飛行に成功したといわれる浮田幸吉の墓がある。

富士が「見付」かる
天竜川の川越宿

現存する日本最古の擬洋風木造校舎、旧見付学校。明治8(1875)年の開校時は2階2層建てだったが、明治16(1883)年に3階を増築し、5階建てになった。趣のあるレトロな校舎は最上階まで見学でき、資料なども豊富なのでじっくりと回ってほしい。

街道の土産

栗餅

栗の入った餅を餡で包んだ、食べやすい大きさの菓子で見付天神名物。もちもちっとして軟らかく、甘さは控えめ。

井口製菓
☎0538-32-3951
静岡県磐田市見付2663

見付宿場町通りを進み、このバス停を過ぎると、本陣や見付学校にたどり着く。

浜松宿

二十九

はままつ

杉浦本陣跡周辺

天竜川から西に進んできた東海道は、大手門前で南に進路を変える。連尺交差点から伝馬交差点あたりが、宿場の中心地。

現 在

浜松城公園より

広重の絵では、左手に三方ヶ原の古戦場跡、右手奥に浜松城、手前には「颯々の松（ざざんざのまつ）」が描かれている。浮世絵の場所は、現在の子安町から馬込橋の間など諸説ある。

濱松「冬枯ノ図」

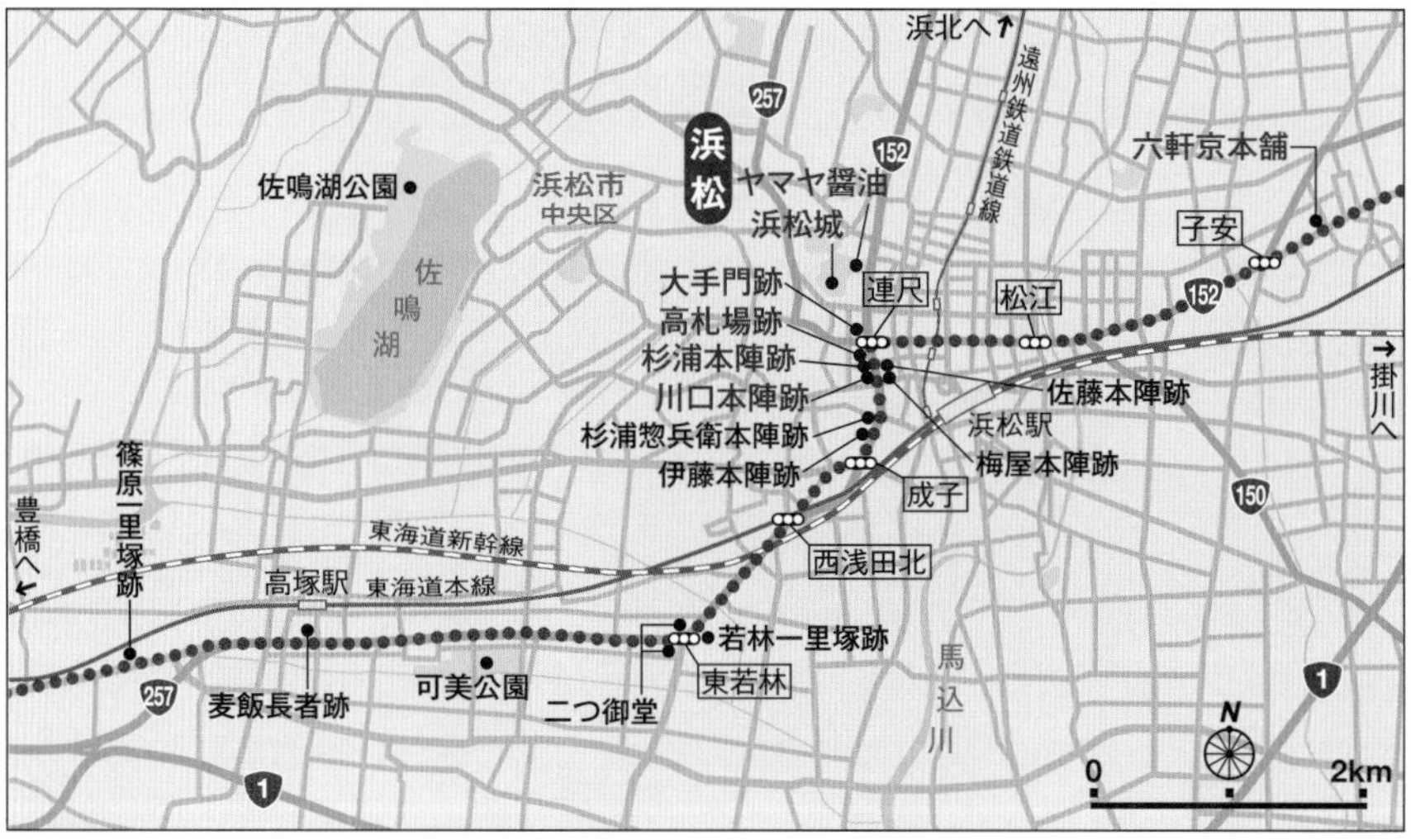

杉浦本陣・高札場跡

高札場跡、佐藤本陣跡、杉浦本陣跡、梅屋本陣など、案内板が往時のにぎわいを物語る。

川口本陣跡

大名や公家、幕府など要人のための宿泊場所だった本陣。6カ所の本陣の内、一番新しくできたのが川口家の本陣。建坪は163坪（約540㎡）あったという。

浜松の宿は、浜松城の城下町として大いに栄え、天保年間には本陣が6軒、旅籠が94軒もあった。箱根と並ぶ大規模な宿場だったという。戦災による消失や、道路拡幅で、現在の街道筋には当時の面影は残されていない。浜松宿歩きでは、道路脇に佇む案内看板や石碑も見落とさないように。そして浜松城の天守閣から遠景を望み、家康の往時に思いをはせよう。

本陣6軒を擁した箱根に並ぶ宿場町

当時の面影を残す野面(のづら)積みの石垣の先に浜松城の天守閣が現れる。徳川家康が29歳から45歳の間の居城で、「出世城」とも呼ばれる。家康の出世にあやかろうと、禄が減っても浜松城に仕じてほしいと願い出る者もいたとか。

街道の土産

志そ巻

唐辛子や砂糖を混ぜ調味した味噌とそれを包むしその風味が食欲をそそる、遠州の郷土食。東海道を往く人の弁当用に売り出し、人気を博したという「六軒京本舗」では元祖の味を受け継ぎ、味噌を塩漬けしたしそ葉で巻いて焼いた「志そ巻」を作っている。

六軒京本舗　☎053-461-3677
静岡県浜松市中央区大蒲町83-11

浜納豆

大豆を発酵させ、1年以上塩漬けして天日に干す江戸時代からの製法を守り、7代目当主が作る浜松名物。ご飯のお供や酒のあて、料理の隠し味にも。浜松市内など各所で販売。

ヤマヤ醤油　☎053-461-0808　静岡県浜松市中央区元城町100-2(浜松城内浜松ブランドコーナー)

舞坂宿《まいさか》

三十

北雁木跡

北雁木の渡船場跡。当時は舞坂から新居までの約6㎞を舟で2時間程度かけて渡ったという。

現在、この付近から、昭和48(1973)年に海中に建てられた高さ18mの赤い大鳥居の姿が見られる。

現在

北雁木《がんげ》付近

広重画に描かれているのは、当時は3カ所あったといわれる「雁木」と呼ばれる階段状の渡船場の一つ「北雁木」付近。

舞坂「今切真景」

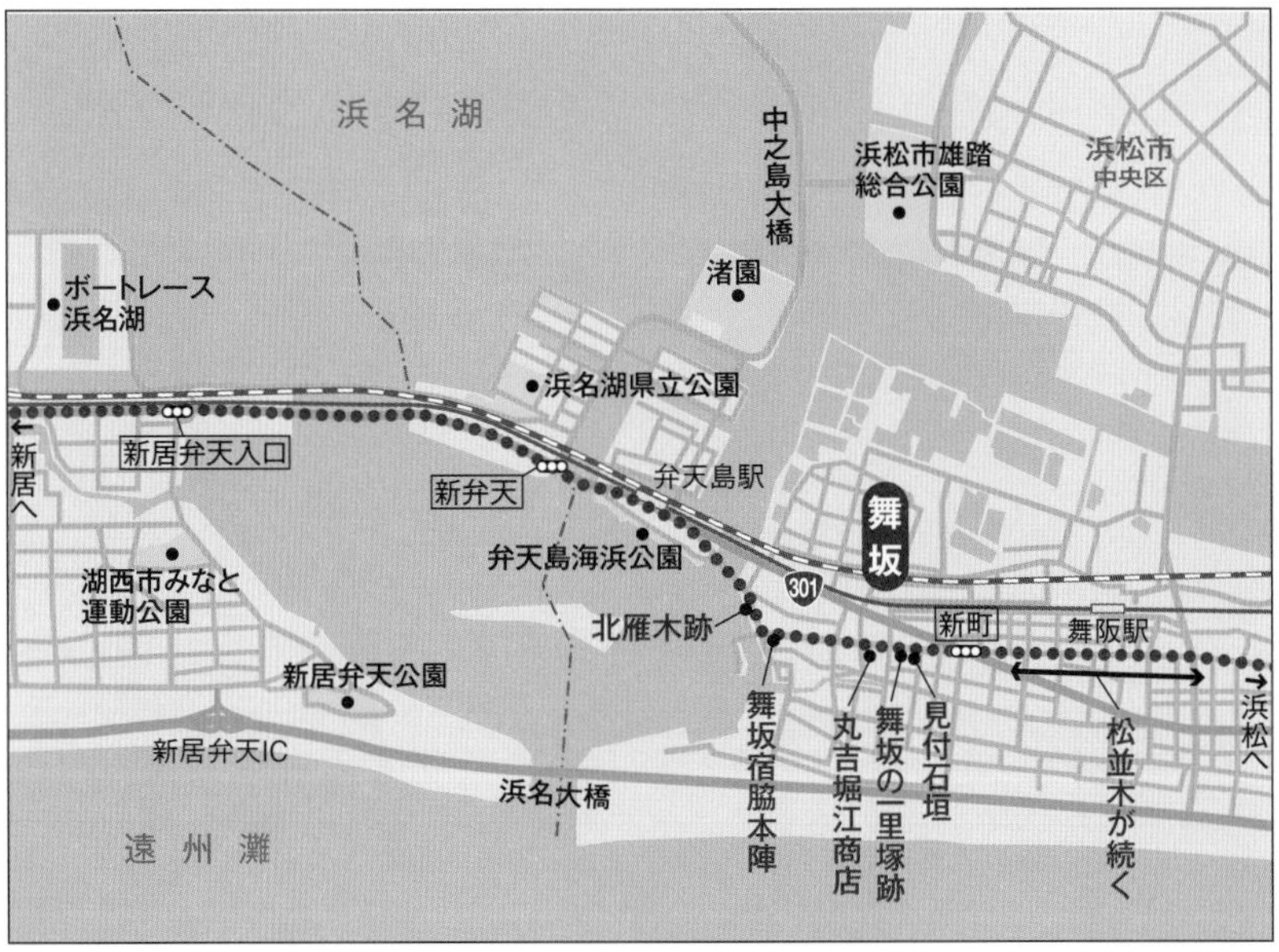

浜名湖を望み、隣の新居宿へ渡る「今切の渡し」を控えてにぎわった宿。ＪＲ舞阪駅近くから松並木が約７００ｍにも渡って延び、東海道らしい街道情緒で往来する人を楽しませてくれる。並木が終わると、浜名湖名産で、数種の海苔を混ぜてつくる「ぶちのり」を販売する海産物店や古社寺などが街道沿いに点在。さらに浜名湖に近づくと、舞坂宿の見どころとなる「舞坂宿脇本陣」が現れる。天保９（１８３８）年建築の見事な建物は、東海道唯一の貴重な遺構だ。

松並木

舞阪駅付近に340本もの松並木が続く。旅人気分でのんびり楽しみながら歩ける。

見付石垣

舞坂宿は、西は「今切の渡し」がある船着き場。東は江戸時代中期に作られたという見付石垣が目印。見付は見張り所にあたり、大名が通る時などには、ここに番人が立った。

常夜灯と一里塚

左が、舞坂宿内に3基ある常夜灯のうちの1基で、文化12(1815)年に建立されたもの。また、その右奥に見えるのが、日本橋から68里(約267km)の位置を示す一里塚。

東海道唯一の脇本陣遺構を有す「今切の渡し」の渡船場

舞坂宿脇本陣。現存するものでは東海道唯一となる、貴重な脇本陣の遺構。天保9(1838)年に建築された旧脇本陣「茗荷屋」の建物を復元。書院棟には大名が使用した立派な上段の間もある。入口が狭く、奥行きが深い、古い家屋らしい構造を体感できる。

街道の土産

ぶちのり(混ぜのり)

海苔の養殖が盛んな浜名湖の名物で、青海苔と黒海苔の混ぜ海苔である「ぶちのり」。磯の香りが強く、少しあぶって味わうのがおすすめ。

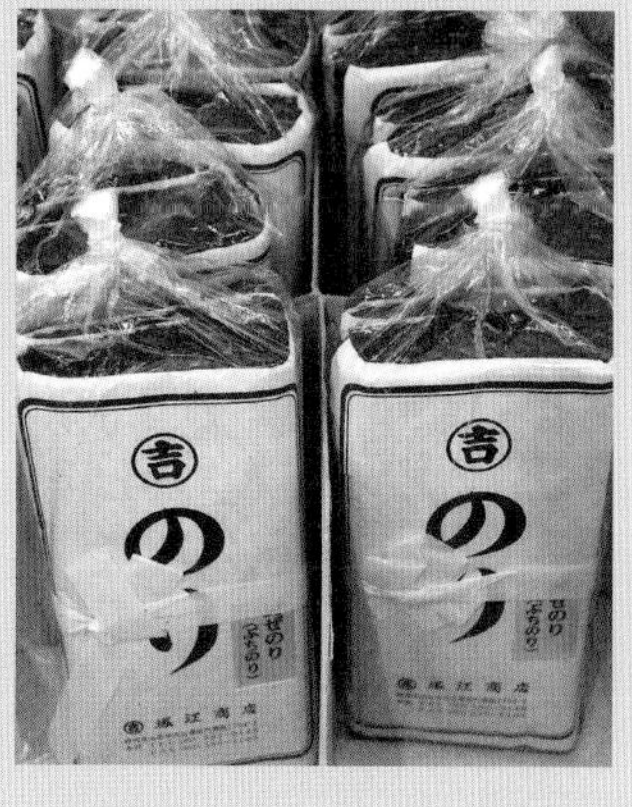

丸吉堀江商店
☎053-592-0148　静岡県浜松市中央区舞阪町舞阪1794-2

旧街道には、しらすや海苔の老舗海産物店をはじめとする昔ながらの商店が点在する。

新居宿

三十一

あらい

新居関跡
国指定特別史跡。嘉永7(1854)年に大地震に見舞われて大破した後、安政2(1855)年から5(1858)年にかけて改築された建物が残されている。遺構は、国の特別史跡に指定され、東側には関所史料館がある。

現 在

弁天島付近より

広重画では渡し舟が行き来する様子が描かれているが、今は静かな浜名湖が広がる。

荒井「渡舟ノ図」

本陣跡

新居宿には本陣が3軒あった。小浜、桑名、岸和田藩など約70家が利用した飯田武兵衛本陣跡(写真右)、徳川御三家など約120家が利用した疋田八郎兵衛本陣跡の石碑がある。

新居関跡

護岸渡船場が復元されており、歴史の一端を垣間見ることができる。

箱根関所と並ぶ、東海道の重要地点に位置づけられていた新居関所を有する新居宿。関所は関ヶ原の戦いがあった慶長５（１６００）年に創設され、自然災害などで三度移転を余儀なくされたものの幕末の安政２（１８５５）年に改築された建物が残っている。江戸時代の建物が残るのは全国でも新居関所のみ。25軒あった旅籠の中で最大の紀伊国屋は内部を公開している。

旅籠紀伊国屋資料館

当時25軒前後の旅籠が軒を連ね、中でも最大規模を誇ったのが「紀伊国屋」だった。明治7(1874)年の大火により焼失し、1階から2階建てに建て替えられ、平成13(2001)年に再生整備された。現在は「新居宿 旅籠紀伊国屋資料館」として、宿場文化を伝える資料を展示。

要衝、新居関を経て
最大規模の旅籠、紀伊国屋へ

旅籠紀伊国屋資料館付近の街道には、歴史ある当時の建物なども点在し、
趣を残す。突き当たりに飯田本陣跡、疋田本陣跡がある。

街道の土産

新居名物
あと引せんべい

胡麻煎餅、生姜煎餅など、風味豊かな4種類のせんべいの組み合わせ。はじめは硬いが、口の中でほどよく軟らかくなっていき、ほんのり素朴な甘さが広がって、その名のとおり、あとを引く。

あと引製菓
☎053-594-0127　静岡県湖西市新居町新居1264-3

旅籠紀伊国屋資料館の様子。随所に江戸期の建築様式を色濃く残し、当時の風情を体感できる施設として公開されている。

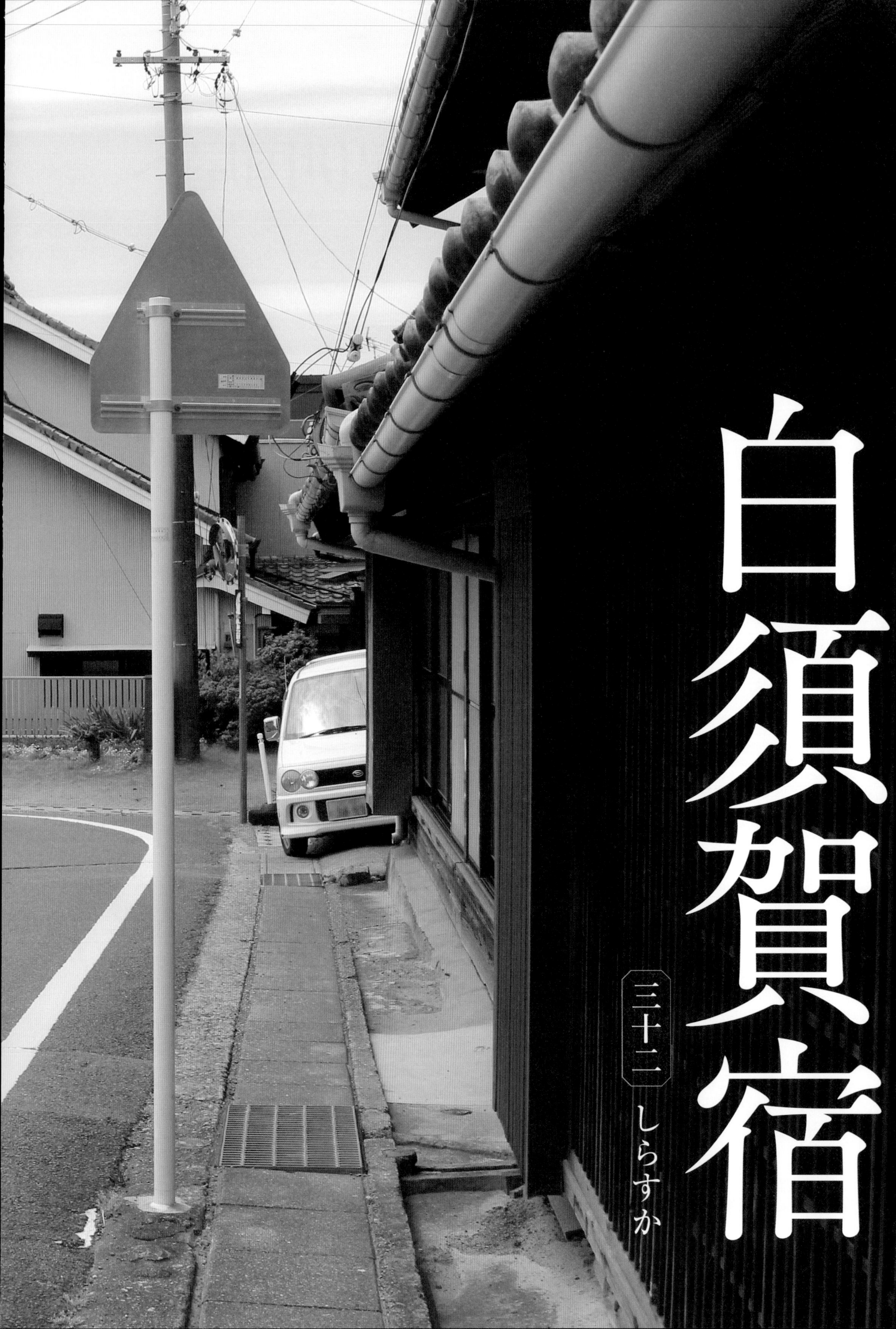

三十二

白須賀宿

しらすか

曲尺手《かねんて》

宿内には、東海道の宿場町を彷彿とさせる曲尺手（かねんて）が見られる。これは直角に曲げられた道で、敵の侵入を防ぐ軍事的な意図があるほか、大名行列同士がかち合わないようにする役割もあり、前方から他の大名行列が来ていないか、下見役に曲尺手の先を確認させながら行列を進めたのだそう。

現 在

白須賀「汐見阪図」

潮見坂から望む遠州灘

徳川家康は「長篠の戦い」で武田勝頼を破り、尾張へ凱旋する織田信長のもてなしの場として潮見坂を選び、茶室を造ったという。のちに明治天皇が江戸へ行幸する途中の休憩地にも選ばれ、記念碑が建てられた。

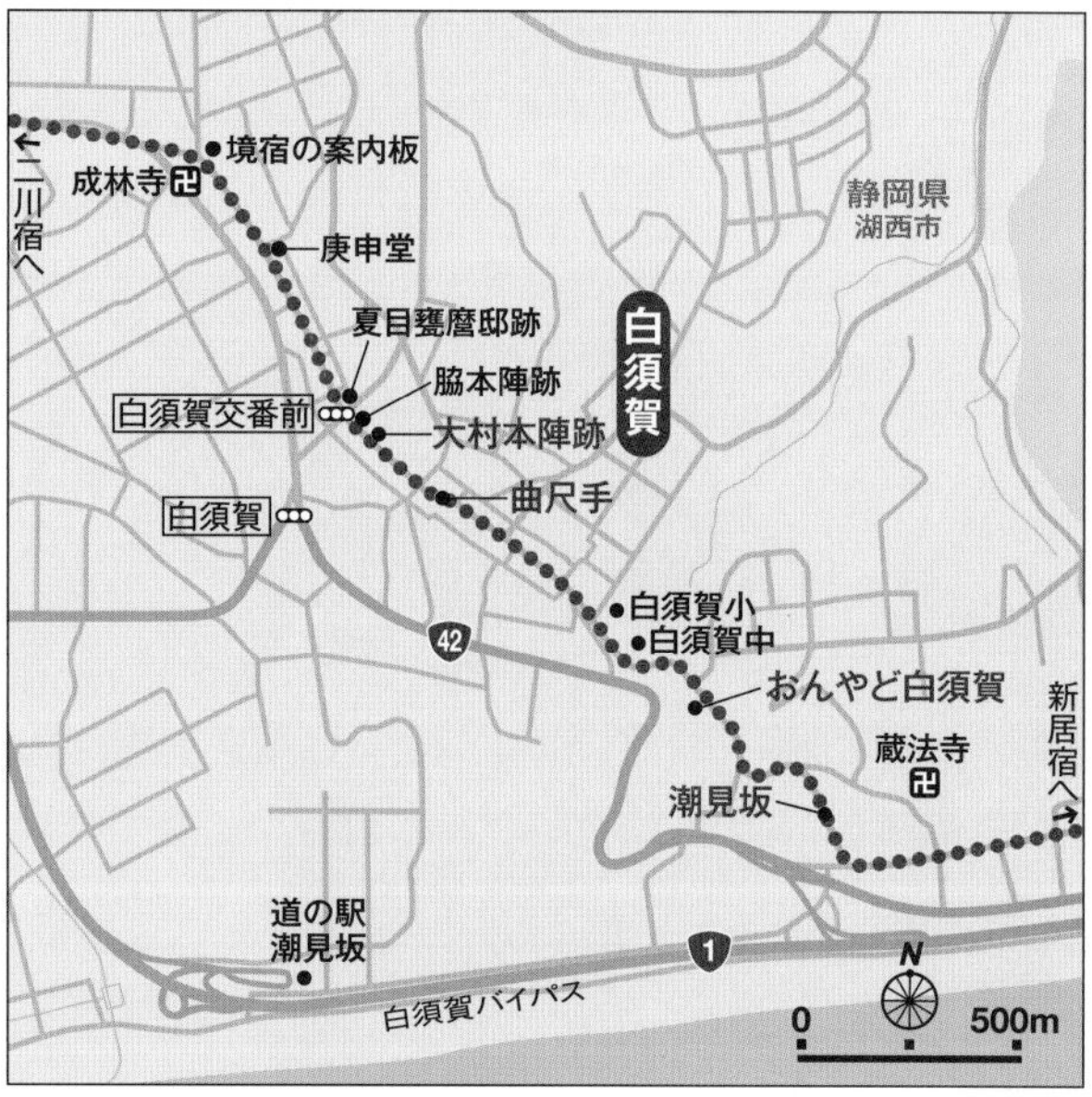

※うなぎ処 かねはちのMAPはP20

潮見坂

多くの旅人が、紀行文などにその風景を表したという潮見坂は、500mほど続く急勾配。京都から来た旅人にとっては、海だけではなく、初めて富士山を望む場所でもあった。

かつては坂下の海岸沿いにあった白須賀宿は、宝永4(1707)年に発生した大地震による津波で大きな被害を受け、現在の潮見坂上に移った。潮見坂は、京都から江戸を目指す旅人が、初めて海の景色と出合える感動の地で、広重も山間から望む遠州灘と、坂道を粛々と進む大名行列を描いている。遺構は少ないが、海の美しさと坂道の苦労には、古の旅人たちと同じ思いを抱けそうだ。

おんやど白須賀
(白須賀宿歴史拠点施設)

坂を登りきったところにある無料休憩所。東海道宿駅開設400年を記念して設置された。展示室もあり、白須賀宿に関する貴重な資料の数々や、ジオラマなどが展示されている。

大村本陣跡

白須賀宿には、遺構はなく、本陣跡と脇本陣は高札場などの標柱のみが残っている。大村本陣は「大きな建物だった」とある。

美しい遠州灘を望む
遠江国西端の宿場

懐かしい雰囲気が漂う町並み。

街道の食

うな重

浜名湖のうなぎを食べられる地元の人気店。肝吸いとたくあんが付いてくるうな重は、脂がのっていて中がふっくら。たれがしみ込んだごはんも絶品だ。

うなぎ処 かねはち
☎053-594-1274　静岡県湖西市新居町浜名3747

こちらの道標から潮見坂がスタート。坂の上には、白須賀宿にまつわる資料が展示されている「おんやど白須賀」がある。

三十三

二川宿

ふたがわ

二川本陣資料館周辺
江戸から33番目の宿場である二川宿は、総戸数328軒と比較的小さな宿場。
町割りや道路の幅など、当時とあまり変わらない姿を残している。

現 在

二川「猿ヶ馬場」

愛知県と静岡県の県境付近

広重の絵に描かれているのは、現在の愛知県と静岡県の県境付近。当時は小松が群生する景勝地で、街道沿いには柏餅を売る人気の茶屋があった。作品にも「名物かしわ餅」の看板が登場している。

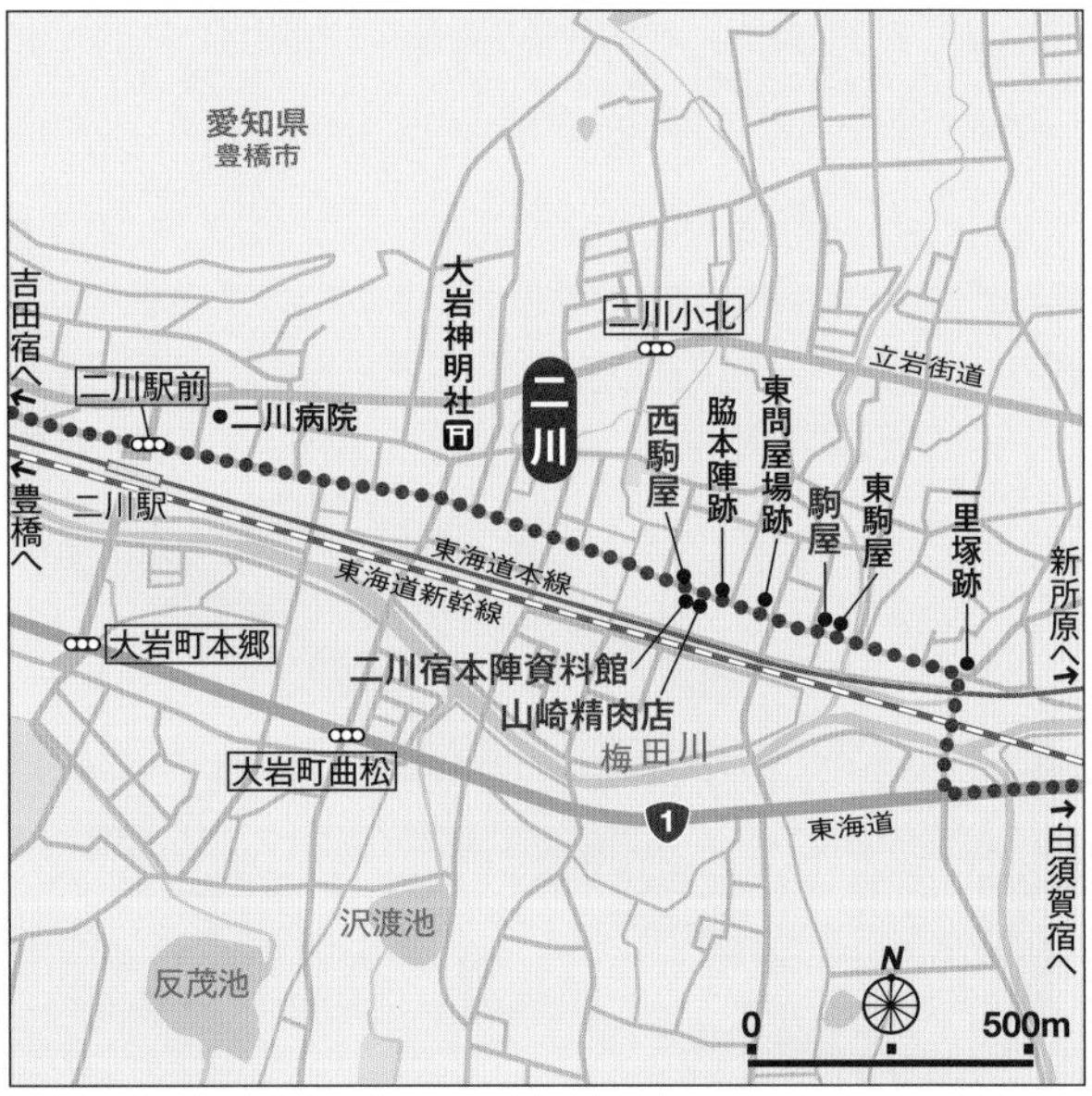

商家「駒屋」

明和5(1768)年頃に創業し、米穀商と質屋の兼業で大成長を遂げた商家「駒屋」。駒屋を営むかたわら、宿村役人を務めた田村家の貴重な遺構を公開している。主屋、離れ座敷、脇門、茶室、南土蔵、中土蔵、北土蔵、北倉の8棟の建物からなり、当時の商家の形式をよく保存している。

二川宿本陣資料館

大名や公家などの貴人が利用する宿であった「二川宿本陣」と、庶民が利用した旅籠屋「清明屋」、江戸時代の街道や宿場、本陣、大名行列などについて広く学べる「二川宿本陣資料館」の3エリアからなる。現存する本陣は非常に貴重な文化財。本陣らしい格式ある佇まいを見せている。

主屋、繋ぎの間、奥座敷を有する旅籠屋「清明屋」。当時の旅籠屋建築の様式がよく残され、また、到着した旅人がもてなしを受ける姿などが再現されている。

東海道らしい風情が漂う二川宿。2カ所しか現存していない本陣の遺構や、江戸時代の商家である駒屋と、その分家である東駒屋、西駒屋の建物など、狭いエリアに貴重な見どころが点在する。本陣は現在資料館として整備され、大名や公家が利用した宿舎を公開。隣には、一般庶民が利用した旅籠屋「清明屋」も復元され、江戸時代に敷かれていた身分制度を、宿泊設備の違いで体感できるのも面白い。

貴重な建物の数々が
風情ある街並みを彩る

西駒屋田村家住宅主屋の周辺。事業に成功した駒屋は、東駒屋と西駒屋という分家を持ち、現在も数棟の建物が残っている。西駒屋田村家住宅主屋はその一つで、国の登録有形文化財に指定されている。

街道の土産

本陣コロッケ

ほくほくのじゃがいもに、地元・豊橋産の赤味噌を合わせた、愛知県らしいご当地グルメ「本陣コロッケ」。

山崎精肉店

☎0532-41-0544　愛知県豊橋市二川町字中町60-1

二川宿本陣資料館周辺。高札場や西駒屋も近く、当時の宿場の趣が残っている。

三十四 吉田《よしだ》宿

東八町交差点周辺

路面電車が走る町「豊橋」。東海道五十三次の中でも、特ににぎわった宿場であったこの地だが、駅前大通や国道1号は広く改修されている。写真右手の通りが旧東海道。

現在

吉田「豊川ノ橋」

吉田大橋周辺

広重が描いた「豊川ノ橋」は、岡崎の矢作橋、瀬田の唐橋とともに東海道三大大橋とされていた。写真に見える橋は吉田大橋だが、当時の「豊川ノ橋」はこの橋から600mほど下流にあった。従って画の構図は広重の空想（誇張）と思われる。

吉田城

豊川沿いの豊橋公園周辺が城の主要部にあたる。築城当時は今橋城、のちに吉田城と改名された。天正18（1590）年に池田輝政が入封して城域を拡張。堀と野面積みの石垣は当時のもので、鉄櫓（くろがねやぐら）が再構されている。

吉田宿本陣跡　うなぎや丸よ

宿の中心である札木町交差点には本陣跡の石碑があり、創業150余年の鰻料理「丸よ」が営業を続けている。江戸時代、同店のルーツとなる割烹料理店が鰻の宣伝をしようと「頗（すこぶる）別嬪」とだけ看板に掲げたところ評判に。後に鰻に限らず極上品を「べっぴん」と言うようになり、明治中期には特別に美しい女性を表す言葉になったという。

鰻丼

秘伝の焼き方で皮にもしっかり味を染み込ませた鰻。そのこだわりを示すため皮を上にした独特の盛り付けで供される。

☎0532-52-4987　愛知県豊橋市札木町50

幕府の要職を勤めた吉田藩の城下町であり、豊川の船運で栄えた湊町を合わせた大きな宿場の一つであった。「吉田通れば二階から招く、しかも鹿の子の振り袖が」と詠われるほどのにぎわいをみせ、本陣2軒、脇本陣1軒、旅籠65軒を擁した。戦火などにより、当時の面影はほとんど失われている。広重が描いたのは普請中の吉田城と「豊川ノ橋」。屋根の上で働く職人が、橋を行く大名行列を眺めている様子が興味深い。

路面電車が走る町 豊橋に宿場町の面影をたどる

往時、本陣・脇本陣でにぎわっていたという札木町。

街道の土産

ゆたかおこし

創業江戸の若松園が手がける餡入りおこしは、余計なものを加えず丁寧に作られた、素朴でやさしい味わいの一品。昭和天皇即位の際には、豊橋市の名物として献上された。

若松園　☎0532-52-4641　愛知県豊橋市札木町87

街道の食

菜めし田楽

きざんだ大根の葉を混ぜた「菜めし」、串刺しで焼かれた豆腐に味噌ダレがかけられた「田楽」を合わせたのが「菜めし田楽」。たんぱく質を含み、腹を満たすことから、旅人に愛されてきた。文化年間創業の「きく宗」では、地元産の大根、自家製豆腐を使用。昔ながらの素朴な味が楽しめる。

菜めし田楽 きく宗　☎0532-52-5473　愛知県豊橋市新本町40

御油宿

三十五

ごゆ

御油宿の街並み

街並みに、当時数多く立ち並んでいた旅籠の名残と思われる、連子格子の古い家屋を見ることができる。

現在

御油「旅人留女」

御油宿周辺

広重が描いた風景に似た御油宿の風景。絵にある格子の建物は残っていないものの、街道沿いのそこここに往時の風情を感じる。

東林寺

御油宿が栄えた当時に身投げした飯盛女の墓が並び、にぎわいの影にあった女性たちの悲哀もまた歴史の跡として残されている。

東海道と姫街道が合流する追分の宿。国の天然記念物に指定された６００mにおよぶ「御油の松並木」を有し、江戸時代からの歴史が作り上げた圧巻の風景を見せる。多い時には本陣が4軒、旅籠が62軒も立ち並び大いににぎわい、飯盛女（遊女）たちは旅人を相手に、半ば強引なまでの客引きをしたそう。浮世絵師・歌川広重の絵には、首にかけた荷物を女にぐっとつかまれる旅人の、苦しそうな表情がユーモラスに描かれている。

本陣跡／イチビキ第一工場

味噌文化が根付く愛知で、約100年にわたり味噌・醤油の製造販売を行う「イチビキ」の工場。香ばしい醤油の香りに思わず食欲をそそられる。ここが本陣跡。

『東海道中膝栗毛』にも描かれた圧巻の松並木

強い日差しや風から旅人たちを守った「御油の松並木」。江戸幕府が開かれた直後の慶長9(1604)年に、幕府の道路政策として奉行の大久保長安が植樹。享和2(1802)年に刊行された十返舎一九の「東海道中膝栗毛」では、主人公の喜多八と弥次郎兵衛が飯盛女に「キツネが出る」と脅かされた並木として登場する。

街道を歩いていると、空が赤く染まり始めていた。広重が描いた御油も夕景。同じような景色を見ていたのかもしれない。

三河国府総鎮守である大社神社(上)の長い白壁に沿って旧東海道を進み、一里塚を経ると、姫街道との追分へ。秋葉常夜灯と道標が立っている(左)。

三十六

赤坂宿

あかさか

赤坂紅里交差点周辺

歓楽街(遊郭)があり、飯盛女(遊女)が多いことでも有名な赤坂宿。
その名残を表す地名「紅里」という名前の交差点のあたりが赤坂宿の中心だった。

現 在

赤阪「旅舎招婦ノ図」

大橋屋（旧旅籠鯉屋）

広重の画に描かれているのは、ゆったりとくつろぐ旅人たちと、甲斐甲斐しく世話をする飯盛女たちで活気づく赤坂宿の旅籠屋の庭。最盛期の赤坂宿には、旅籠や茶屋が約80軒も存在したという。

浄泉寺

大橋屋の裏手に位置する浄土宗浄泉寺。赤坂薬師や石造りの三十三観音、石仏がずらりと並び、百観音の霊場として有名。境内には、広重がモデルにしたという推定樹齢約270年のソテツの樹が移植されている。

本陣跡

4軒あった本陣のうち、松平彦十郎家は江戸時代初期から務めた格式高い本陣であったと思われる。

赤坂陣屋跡

三河国の天領支配の拠点であった赤坂陣屋。幕末に三河県ができると、陣屋跡に県役所が建てられた。

多くの旅籠が立ち並んだ赤坂宿。御油宿からの距離は東海道の中で最短で、この地を訪れた俳人・松尾芭蕉は、御油宿を出てあっという間に赤坂宿に着いてしまう様子を「夏の月 御油より出でて 赤坂や」という句で表現した。約２００年前に建てられた旅籠「大橋屋」や、その庭で浮世絵師・歌川広重が描いたソテツの樹など、江戸時代の姿を彷彿とさせるものが街道沿いに点在し、ロマンを感じさせる。

芭蕉や広重も訪れた
長い歴史を刻む大橋屋

現存する建物は、文化6(1809)年の赤坂宿の大火の後に建てられたものといわれている。現在は見学可能な公共施設となっているが、なんと平成27(2015)年までは、宿として営業を続けていたというから驚きだ。

赤坂宿脇本陣(輪違屋)跡を過ぎると、江戸時代の建物をイメージした無料休憩所「よらまいかん」に辿り着く。

街道沿いでは、レトロなホーロー看板を探すのも楽しみ。

宿場町を知る 1

助郷《すけごう》

保土ケ谷宿（神奈川県）

庄野宿（三重県）

宿場に備えた人馬の不足を沿道の村に補充させる課役。宿場には事務所となる助郷会所が置かれ手配の調整を行ったが、交通量が増えるにつれ農村の負担は増し、耕作に支障が出るなど経済的疲弊にもつながった。

見付《みつけ》

元は城郭の見張り番を置いた施設をいう。宿場の入り口にも置かれ、江戸側を江戸見付、京側を上方見付と呼んだ。石垣に盛土をして柵を組み、往来を見張るとともに宿場の区切りを示した。

平塚宿の江戸見付跡（神奈川県）

水口宿の東見付跡（滋賀県）

街道の往来が増えるにつれ、沿道には人馬を補充する「助郷」や、
人の出入りを見張る「見付」が設けられた。
街道には松や杉の「街道の並木」を植え、宿場には「枡形・曲尺手」を
置くなど交網の要として整備が進められた。

曲尺手《かねんて》

岡崎宿（愛知県）

白須賀宿（静岡県）

宿場の入り口にある鉤の手に曲げた道のこと。枡形とも言う。不審者や敵の侵入を防ぐと同時に、往来する大名行列がかち合わないようにする効果もあった。白須賀や知立、掛川宿や岡崎宿にはその遺構を見ることができる。

街道の並木《かいどうのなみき》

御油宿（愛知県）

舞坂宿（静岡県）

家康は幕府を開いた翌年より「街道の並木」を整備させた。地域の自然環境に適した樹木を選び、夏の日差しや冬の風雪から旅人や道を守った。旧街道沿いには今も御油の並木などに往時の姿が残る。

三十七 藤川《ふじかわ》宿

市場町格子造りの屋並み

藤川宿で、町屋造りが残る市場町。格子造りの静かな佇まいが今も何軒か残る。藤川宿に加宿された市場町は、伝馬荷役、助郷人の手配など、参勤交代の補助を主に行っていた。昔は、倉町と呼ばれ、50年前には約30の蔵が残っていたという。

現 在

藤川「棒鼻ノ図」

東棒鼻跡

「棒鼻ノ図」の標題にもなっている「棒鼻」とは、宿場の境界のこと。浮世絵師・歌川広重の絵には、棒鼻に差し掛かった八朔御馬献上の一行と、左手にそれを出迎える宿場役人の姿が描かれている。広重は、この一行に加わって、初めて京へ上ったといわれている。

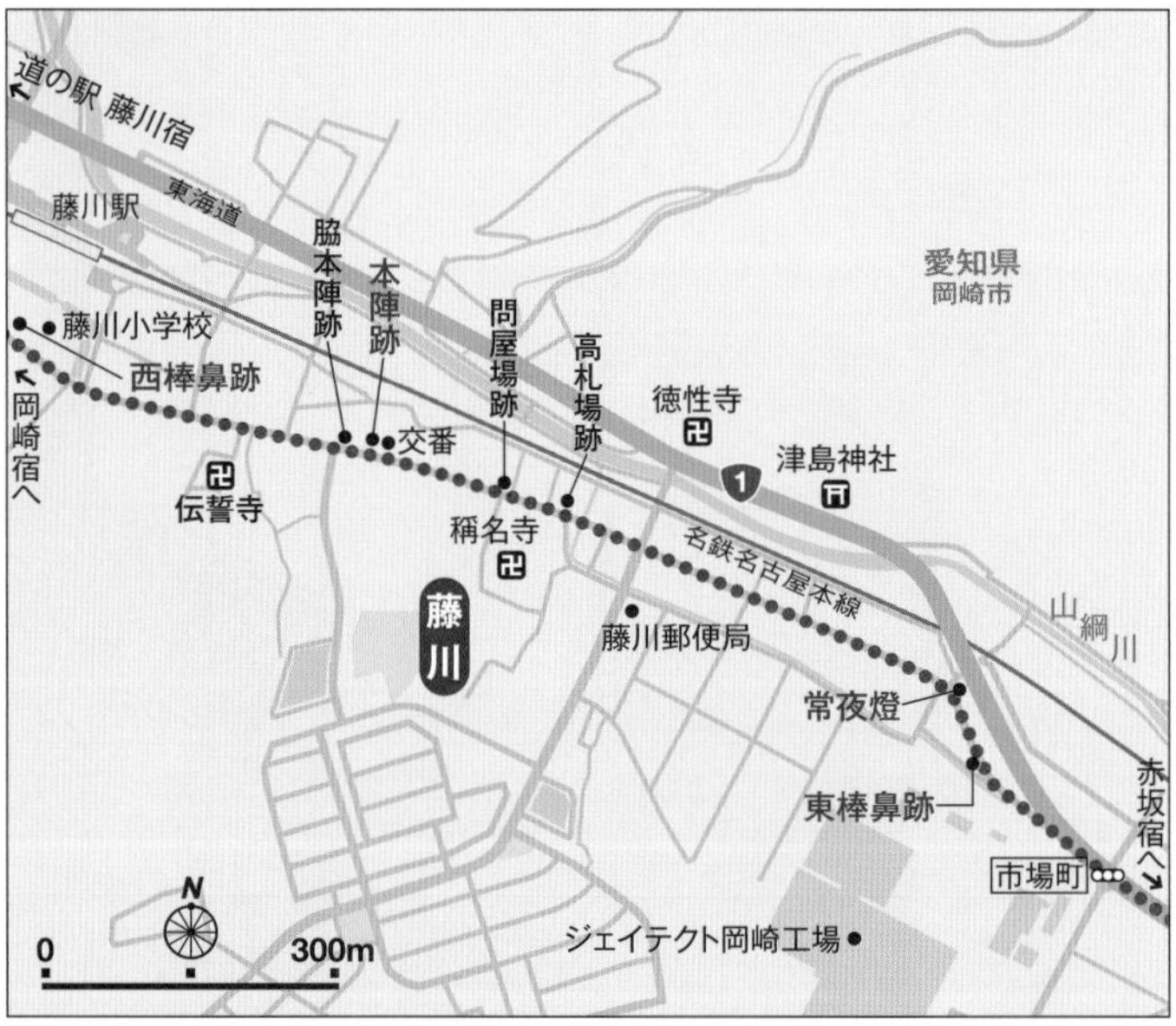

常夜灯

現在も地域の人々に守られる秋葉山常夜灯。

藤川宿周辺の街並み

宿場町の中心部。風情ある町並みの中には、町屋「米屋」「銭屋」などの建物が残されている。

慶長6(1601)年に宿場町となったが、規模が小さく、隣の岡崎宿が栄えていたこともあり、宿の経営は困窮。慶安元(1648)年に、現在の市場町にあたる山中郷市場村から68戸の宿を移す加宿措置がとられた。史跡は多くはないが風情ある町並みのほか、徳川二代目将軍・秀忠の命で植えられた立派なクロマツの並木や、一時生産が途絶えたものの、近年復活に成功した当時の名産「むらさき麦」の味わいも旅人気分を盛り上げる。

本陣跡

当時の面影が残るのは、本陣の石垣跡。本陣の格式高さをうかがい知ることができる。本陣跡は広場として整備、高札場が復元されている。本陣跡の隣の脇本陣跡は、藤川宿資料館となっている。

困窮の歴史を持つ宿場
現在は道の駅でにぎわう

江戸時代、当地では「むらさき麦（紺屋麦）」が栽培され、その様を俳人・松尾芭蕉が句に詠んだ。麦の栽培は中断されていたが、地元の努力によって現在は一部で復活。

藤川小学校前の松並木の下にある「西棒鼻跡」。

東海道の裏手には、明星院の前から小川が流れ、のどかな田園風景をつくり出している。

三十八

岡崎《おかざき》宿

冠木門・二十七曲りの碑

岡崎城下の東海道は、曲折の多さから「二十七曲り」と呼ばれた。冠木門はその東入口にあたる。二十七曲りは秀吉の甥、秀次の付家老・田中吉政が城主だった頃(1590～1600年)、城内防衛のために城下に東海道を導き入れたのが始まり。これにより岡崎の城下町は、東海道筋の宿場町として繁栄した。

現 在

岡崎 「矢矧之橋」

岡崎　矢矧之橋《やはぎのはし》(矢作橋)

歌川広重が描いた絵とほぼ同じ位置に岡崎城の天守閣が見えるが、高い建物に囲まれて探すのが難しい。

徳川家康の生誕の地として知られている岡崎。今や愛知県の中核都市として発展し、昔の面影はほとんど見られないが、岡崎城の城下町、そして、東海道の宿場町として栄えた歴史のある町には見どころが多い。特に岡崎城の防御を目的として作られた「二十七曲り」は、若宮町の冠木門のあたりから始まり、ジグザグに曲りくねった道が岡崎城の三方を取り囲むように続いている。街道歩きには難関に思えるが、曲り角のほとんどに案内柱があるので、迷わず分かりやすい。町の西側を流れる矢作川を渡る矢作橋は広重の絵に描かれた橋で当時は東海道で最長の橋であった。

金のわらじの案内柱

二十七曲りの角を、「いろはにほへと」の順で導いてくれる。

西本陣跡

伝馬通1丁目角にある西本陣跡。伝馬の本陣は二軒だったが、後に3軒の本陣、3軒の脇本陣ができたという。東本陣(服部家)は現在の伝馬通り二丁目交差点あたりにあり、建坪209坪半、部屋は200畳以上で玄関や書院を持つ壮大な建物だった。

徳川家康生誕の城下町

15世紀半ばに築城され、1542(天文11)年に徳川家康が城内で誕生した岡崎城址。現在の天守閣は1959(昭和34)年に再建されたもの。

分かりにくいが、左に続く道が旧東海道。

岡崎城公園にある大手門の隣には、二十七曲りの大きな碑が立つ。

岡崎信用金庫資料館（旧岡崎銀行本店）

大正6（1917）年に旧岡崎銀行本店として建造された本格的洋風建築で、国の登録有形文化財として登録されている。

お茶壺道中の碑

将軍家光の頃、宇治茶を茶壺に入れて将軍家に献上させていた。将軍の権威を示すため、お茶壺奉行はじめ100人以上の行列で往来し、さらに宿場では100人の人足を出してもてなしていたため、この茶壺は各宿場で恐れられていたという。行程の都合で岡崎伝馬宿では、この一行は岡崎信用金庫資料館南辺りにあったご馳走屋敷で休み、丁重にもてなされた。

八帖往還通り

この八帖往還通りを挟んで、江戸時代から続く老舗2社が向かい合い、伝統的な様式の建造物が往時の風情を感じさせてくれる。八帖往還通りと八丁蔵通りが交差し、通りを歩くとほのかに味噌の香りが漂う。

カクキュー八丁味噌(八丁味噌の郷)

正保2(1645)年創業のカクキュー。「八丁味噌」の由縁は八丁村(現・岡崎市八丁町)で造られることから。食事処「休右衛門」では八丁味噌を使った味噌煮込みうどんが食べられる。カクキュー八丁味噌の本社屋は愛知県初の国の登録有形文化財。本社裏手には風情ある味噌蔵が並ぶ「八丁蔵通り」がある。

街道の土産

あわ雪

かつて東海道名物として旅人に人気だった「あわ雪豆腐」を備前屋の三代目が、卵白を泡立て、寒天、精糖を混ぜて固めた棹物菓子として創製した。淡雪のようにやさしくまろやかな味わい。

備前屋本店　☎0564-22-0234
愛知県岡崎市伝馬通2-17

街道の食

八丁味噌の老舗、カクキューの食事処で食べられる本場の八丁味噌を使った味噌煮込うどん。香り豊かでコクのあるだしがやみつきになる。

味噌煮込うどん

食事処休右衛門　☎0564-21-1355
愛知県岡崎市八丁町69 カクキュー八丁味噌内

三十九 知立《ちりゅう》宿

中町交差点界隈

宿場の中心だった中町交差点付近には、木造の古い商家が軒を連ねている。

現 在

池鯉鮒「首夏馬市《しゅかうまいち》」

知立松並木

知立宿に残る松並木は約500mの間に約170本の松が植えられている。「首夏馬市」の碑や馬の像も立つ。

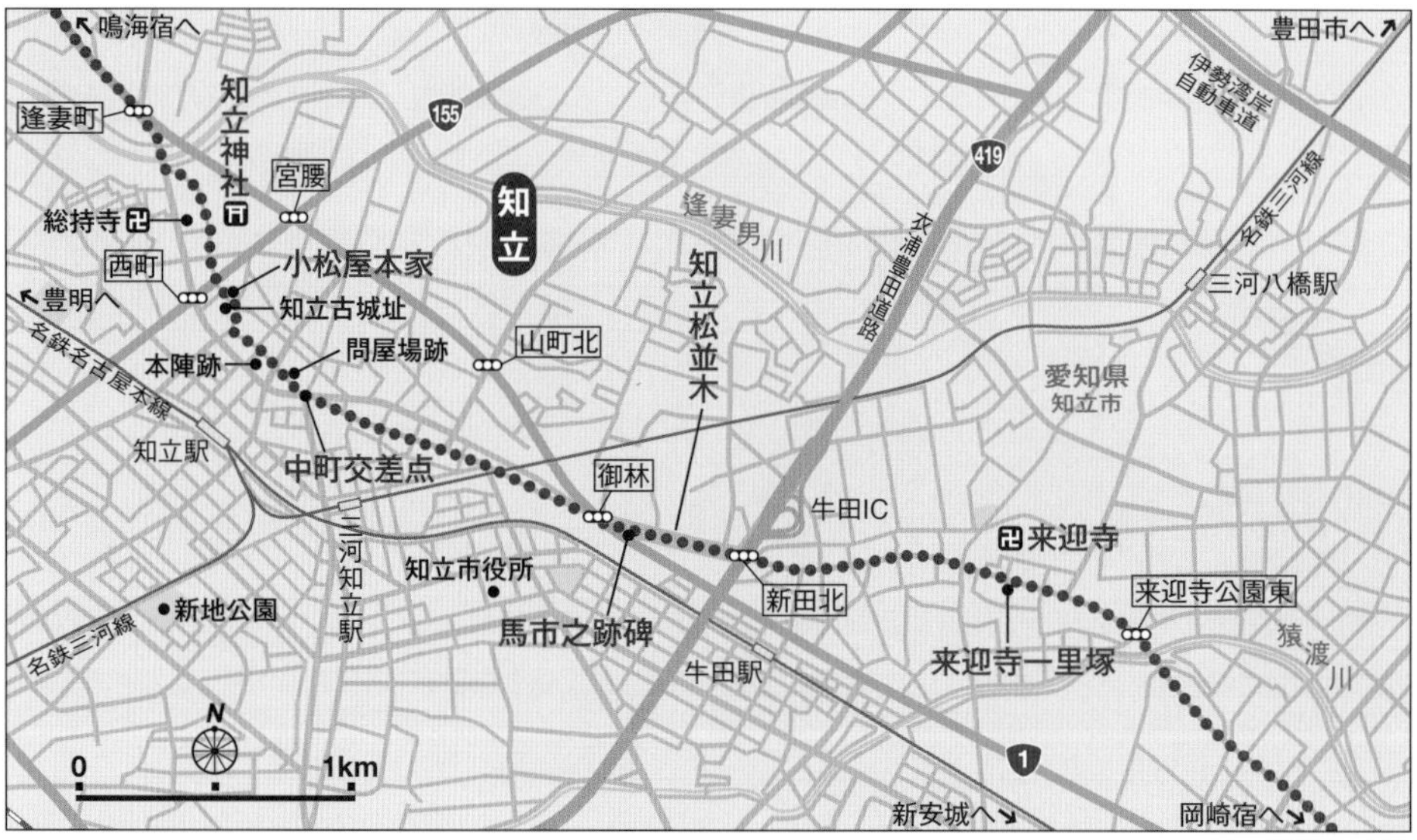

知立神社

池鯉鮒大明神とも呼ばれ、熱田神宮、三嶋大社と並び東海道三社に数えられていた名社で、境内にある多宝塔は国の重要文化財に指定。蛇やムカデなどから身を守ってくれる「長虫除け」のご利益もあるそうだ。

知立は江戸時代には「池鯉鮒」と表記されていた。鯉や鮒が多くすむ池があったことから名付けられたそうだ。その知立宿に入る手前に来迎寺一里塚がある。ここの一里塚は街道の左右に対で松の木が植えられた塚が残る貴重な一里塚だ。ここからしばらく歩くと昔の街道の面影を残す「知立松並木」が続く。知立は江戸時代には馬の市が盛んで、広重が描いた〝池鯉鮒「首夏馬市」〟の絵の馬市の跡もこのあたりだったそうだが、今は牧歌的な絵の面影はほとんどない。少しわかりにくい本陣跡を過ぎてしばらく道なりに歩くと知立古城址があり、さらに行くと東海道屈指の名社と呼ばれる知立神社がある。

馬の市が盛んだった “池鯉鮒宿”

左右に対で松の木が植えられている来迎寺一里塚。

街道の土産

元祖あんまき

知立古城址の近くにある小松屋本家の「元祖あんまき」は130年以上の歴史があり、今も一つ一つ手焼きで作る。黒あんと白あんがある。

小松屋本家
☎0566-81-0239　愛知県知立市西町西83

懐かしい丸型のポストが残る東海道。

間宿《あいのしゅく》 有松《ありまつ》

歌川広重が描いた〝鳴海「名物有松絞」〟。実はこの有松の光景。ここには、広重が描いた時代のままかと見まがうほど昔の町並みが残っている。

桶狭間古戦場伝説地

有松の手前に、若き織田信長が少数の軍勢で大軍勢の今川義元軍を討ち破った歴史的な戦いとして知られる桶狭間の戦いの古戦場跡がある。現在は史跡公園として整備され、今川義元の墓といわれる史跡もある。

それぞれの家屋の門扉には花があしらわれ、街道を歩いていると有松の伝統美を随所に感じることができる。

有松の町並み
虫籠窓やなまこ壁のある建物や卯建の上がる家などが軒を連ね、国の重要伝統的建造物群保存地区に選定されている。

街道の土産

有松・鳴海絞

全国の絞り染め生産の9割以上を占める有松・鳴海絞は、約400年前に名古屋城の築城に集められた豊後(大分県)の工事人たちが身に着けていた絞り染めに着目した竹田庄九郎が地元の木綿を使って作り出したのが始まり。その後、街道土産として旅人たちの人気を集めた。有松・鳴海絞会館では、絞りの歴史資料や実物見本の展示、販売もしている。

四十 鳴海《なるみ》宿

鳴海宿周辺
遺構や昔の面影はあまり残っていないが、懐かしい町並みが続いている。

現 在

鳴海「名物有松絞」

有松(岡家)周辺

歌川広重が描いた鳴海「名物有松絞」は、間宿 有松の光景。国の重要伝統的建造物群保存地区に選ばれるほど、往時の姿が残っている。市の有形文化財に指定されている岡家住宅など絞問屋が立ち並ぶ(MAPはP59)。

端泉寺

応永3(1396)年に創建され、兵火による焼失後、文亀元(1503)年に現在の地に移った。総門は、県の有形文化財に指定されている。

鳴海本陣跡

規模は建坪235坪、総畳数159畳。天保14年の調査では、家数847軒、人口3643人、旅籠68軒と繁栄していたという。

知立宿を後に境川を渡ると三河国から、いよいよ尾張国に入る。知立宿と鳴海宿の間の「間の宿(あいのしゅく)」有松を過ぎると鳴海宿。この街道を歩いていると海の音が聞こえたことが、宿場名の由来だという。広重が描いた時代のままかと見まがうほど昔の町並みが残る有松と比べて、鳴海宿にはあまり昔の面影を伝えるものが残っていないが、宿場の中心地だったあたりに屋根付きの高札場が復元されている。また、旧東海道沿いにある和菓子の老舗、菊屋茂富の店の前には道がクランク状に曲がる桝形(曲尺之手)が残っていて往時をしのばせる。

旅人が歩いた
素朴な路地が続く

菊屋茂富の店の前は枡形になっている。

街道の土産

利休まんじゅう

安政4(1857)年創業の老舗の和菓子屋菊屋茂富で売られている「利休まんじゅう」は、こし餡に黒糖の羊羹をコーティングした黒く光った丸いまんじゅう。10月～4月販売。

御菓子司　菊屋茂富
☎052-621-0130　愛知県名古屋市緑区鳴海町相原町28

復元された高札場。

四十一 宮《みや》宿

七里の渡し跡
東海道で唯一の海上路「七里の渡し」の渡し場跡。旅人はここから船に乗り、伊勢湾を約4時間かけて渡って次の桑名宿に向かった。

現在

熱田神宮

樹齢千年以上というクスノキの巨木も残るうっそうとした広大な敷地の中に深閑と鎮まる熱田神宮は、三種の神器の一つ草薙神剣を祀る。全国から年間700万人程の参拝があり、伊勢の神宮に次ぐ大宮として知られている。

宮「熱田神事」

ほぼ今の名古屋に位置する宮宿。熱田神宮の門前町として栄え、五十三次の中でも最大級のにぎわいを誇った宿場だ。広重の〝宮「熱田神事」〟の絵はこの熱田神宮の様子が描かれている。しかし、熱田神宮以外、名古屋の都市開発の波に飲まれて当時の面影は残っていない。そんな宮宿だが、次の桑名宿までの航路「七里の渡し」の渡し場跡には、常夜灯や鐘楼が復元され「宮の渡し公園」となって往時の面影をしのばせている。このあたりは都会の喧騒もなく、かつての渡船の発着場に佇んでいると当時の船旅に思いをはせることができる。

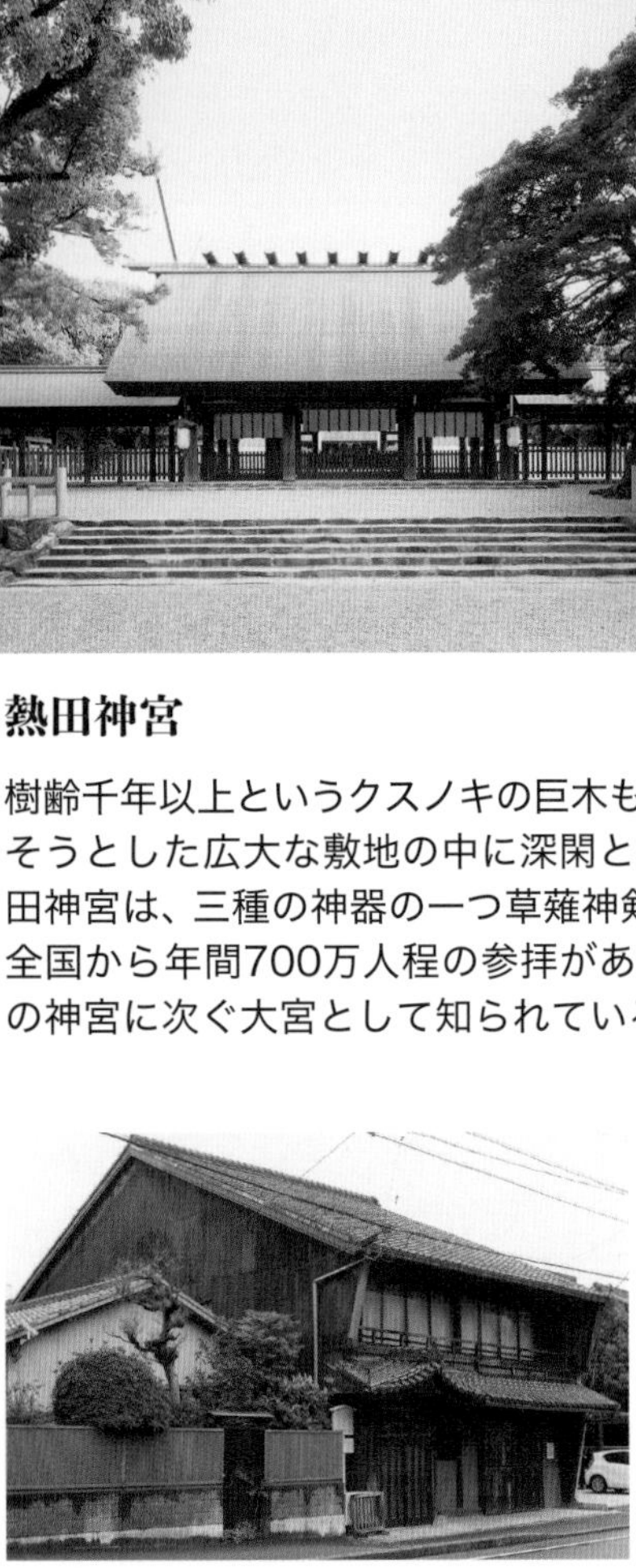

旧旅籠屋 伊勢久

脇本陣の旅籠「伊勢久」だった建物は、19世紀前半に創建された貴重な遺構だったが、建物の老朽化が目立っていたため、移築・改修し保存することに。2024年度に飲食店として復活予定(写真は改修前)。

東海道と佐屋路の分岐点

熱田伝馬町の西端は、江戸時代、東海道と佐屋路の分岐点として重要な地点だった。

熱田荘

往時の面影をしのばせる、かつては料亭だった熱田荘。

※現在はグループホームあつた荘として営業

熱田神宮の門前町と東海道で唯一の海上路

北に熱田神宮、名古屋城下、南に七里の渡しに至る三叉路（東海道と佐屋路の分岐点）から、鳴海宿に向かう通りには、懐かしい雰囲気が漂っている。

街道の食

宮きしめん

熱田神宮の境内にある「宮きしめん」は大正12年創業の老舗。平打ちうどんに鰹の削り節がたっぷりのっている。「宮」の文字入りかまぼこも楽しい。

宮きしめん 神宮店　☎052-682-6340　愛知県名古屋市熱田区神宮1-1-1 熱田神宮境内 くさなぎ広場

街道の土産

きよめ餅

江戸中期に熱田神宮西門近くにあった「清め茶屋」にちなみ、きよめ餅総本家創始者が売り出したことが始まり。以来、「熱田詣りに、きよめ餅」と親しまれている。こし餡をやわらかい羽二重餅でくるんだ銘菓。

きよめ餅総本家
☎052-681-6161　愛知県名古屋市熱田区神宮3-7-21

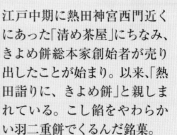

あつた朔日《ついたち》市《いち》

毎月 1日 開催

熱田神宮または秋葉山圓通寺

HP

Instagram

主催

あつた宮宿会

名古屋市熱田区に、「あつた宮宿会」というまちづくり団体があります。朔日参り（毎月1日に神社に参拝する風習）のおもてなしとして、「あつた朔日市」を開催し、かつての宮宿周辺地域のまちづくりを推進、にぎわいを創出しています。

■会場・開催日

熱 田 神 宮 ： 2/1, 3/1, 4/1, 7/1, 8/1, 9/1, 10/1, 12/1
秋葉山圓通寺 ： 5/1, 6/1, 11/1 ※1月の開催はありません

■開催時間 ： 午前 9:30 頃 ～ 午後 2:00 頃

■参画企業 下記以外に約 50 団体（企業・大学・NPO 法人等）が参画

あつた宮餅《みやもち》

数量限定販売

朔日市にて限定販売。熱田の老舗 4 社が共同開発した、ほうじ茶餡の餅が入った人気商品。その月限定の季節の和菓子も入っている。

EXCEL INN NAGOYA ATSUTA

亀屋芳広

名古屋の料亭 賀城園

きよめ餅総本家

お米の専門店！ 三本松米穀店

純系 名古屋コーチン 南部食鶏

まぐろや maguroya.com

愛知県産ダイニング 厨 宮宿房 KURIYA MIYASHUKUBOU

妙香園

DESIGNED BY 鈴木瑛司

宿場町を知る ②

江戸から京都まで約492㎞の道のりを、旅人は「一里塚」を励みに歩き、
「飛脚」は宿場をつなぎ約4日で走り抜けた。

一里塚《いちりづか》

日本橋を起点として1里(約3.9㎞)ごとに各街道に作られた塚のこと。盛土をした塚には榎や松を植えて目印とし、旅人はその木陰で一息ついた。街道筋の松並木なども同時に整えられた。

亀山宿の野村一里塚(三重県)

石薬師宿の一里塚(三重県)

飛脚《ひきゃく》

信書や金銭、荷物などを運ぶ業者。幕府は各宿場に飛脚を置いて、宿場で荷物を中継しながら江戸・京都間を3〜4日ほどで走った。幕府公用の継飛脚、大名付きの大名飛脚のほか、民間の町飛脚などが明治の郵便法制定まで通信と運輸を担っていた。

平塚「縄手道」

桑名宿

四十二

くわな

七里の渡し跡

船着場跡には常夜灯や鳥居が立っているが、この鳥居は伊勢国の東の入口で
ここより伊勢路が始まることから「伊勢国一の鳥居」と呼ばれている。

現在

桑名「七里渡口」

七里の渡し跡

江戸時代、桑名宿と宮宿の間は東海道唯一の海路だった。その距離が七里（約28km）であることから、七里の渡しと呼ばれていた。広重の絵には見事な石垣の桑名城や、満員の船内も描かれている。

宮宿から航路「七里の渡し」でたどり着く地が桑名宿。東海道はここから三重県に入る。桑名宿は船着場周辺が中心であり、大塚本陣跡のレストラン「ザ フナツヤ」、脇本陣駿河屋跡の料理旅館山月（現在は閉業）が並ぶ。七里の渡し跡には桑名城にあった櫓の一つ「蟠龍櫓《ばんりゅうやぐら》」が再現されており、広重が描いた〝桑名「七里渡口」〟にもこの櫓が見える。本多忠勝の居城、桑名城の跡地「九華公園」へも立ち寄りたい。この桑名城の防御を目的に東海道は枡形になっているので、右に左に曲がりながら南へ進む。

大塚本陣跡

桑名宿で最大かつ最高の格式とされた本陣。七里の渡し跡からほど近く、当時は裏庭から直接乗船することができた。跡地には、建物は変わっているが、明治8（1875）年に料亭旅館「船津屋」（現在はザ フナツヤ）が開業した。

桑名城跡（九華公園）

徳川四天王のひとり、本多忠勝の居城として知られている桑名城は、現在では建造物は残っておらず石垣と堀が残っており、九華公園として市民の憩いの場となっている。

七里の渡しで栄えた湊町は伊勢国の玄関口

桑名宗社(春日神社)。地元の人たちから「春日さん」と呼ばれ、古くから桑名の総鎮守として親しまれており、青銅の鳥居は桑名が鋳物業の町として栄えた象徴となっている。8月に行われる石取御神事(石取祭)はユネスコ無形文化遺産に登録されている。

街道の土産

安永餅

寛永11(1634)年に創業の老舗。国産のもち米と小豆を用い、当時の製法で作り続けている。添加物を一切加えていないので日持ちはしないが、その分、素材の良さや作りたてのおいしさを味わえる。

永餅屋老舗
☎0594-22-0327　三重県桑名市有楽町35

街道の食

はまぐり料理

桑名名物といえば「その手は桑名の焼き蛤」という洒落言葉で知られている「はまぐり」が有名である。「歌行燈」は泉鏡花の小説「歌行燈」に登場するうどん屋である。

風流うどん そば料理 歌行燈 本店
☎0594-22-1118　三重県桑名市江戸町10

四十三

四日市《よっかいち》宿

四日市宿跡周辺
往時の趣きを残した道には、旧東海道を示すユニークなのぼりが立つ。

現 在

四日市「三重川」

三滝橋　広重の絵に描かれた貧弱な板橋は、四日市宿の入口にかかる三滝橋とされるのが定説だが、実は東海道から離れた場末の小さな橋を描いたものだったとの説もある。写真左は現在の三滝橋。

歌川広重の絵にも描かれた、三滝川にかかる三滝橋を渡ると四日市宿に入る。すぐに左手に天文19（1550）年創業の老舗「なが餅笹井屋」がある。その先右手には問屋場跡の福生医院、黒川本陣跡の黒川農業商会が続く。さらに進むと小さな交差点に「すぐ江戸道」と書かれた大きな道標がある。東海道は国道1号線を渡り、諏訪神社の脇を通るが、ここからしばらくは「表参道スワマエ」のアーケード商店街になる。市街地を過ぎて近鉄名古屋線のガードを過ぎたあたりから、古い木造住宅などが散見され、街道の雰囲気を感じるようになる。道幅が狭い割には交通量が多いので歩く際は注意したい。このあたりは、東海道に寄り添うように軽便鉄道の四日市あすなろう鉄道がのどかに走っているので、移動に上手く使ってもよい。伊勢参宮道との分かれ道である「日永の追分」を過ぎ、しばらくすると杖衝坂が待っている。

文化7（1810）年に造られたものを復元した、「すぐ江戸道」と書かれた道標。

四日市あすなろう鉄道

一般的な鉄道よりも線路の幅が狭く、規格が簡便な軽便鉄道（ナローゲージ）とよばれる鉄道で全国でも珍しい存在。四日市から終点の内部まではほぼ東海道に沿って敷設された。

諏訪神社

鎌倉時代初期の建仁2（1202）年に創建され、以来四日市の氏神として深く信仰されてきた。

伊勢参宮道との
分岐点として栄えた宿場町

表参道スワマエ。東海道は諏訪神社の前から「表参道スワマエ」のアーケード商店街となっている。

街道の食

四日市とんてき

分厚い豚肉をにんにくと濃い目のたれでソテーし、キャベツの千切りを添えた豚肉のステーキ。戦後間もない頃から四日市の市民に親しまれている。

あさひ食堂
☎059-352-7752　三重県四日市市諏訪栄町6-15

昔ながらの家並みが続く。自転車店の先で松本街道と交わる。

日永の追分

伊勢参宮道との分岐点で、右手に行くと東海道、左手に行くと伊勢参宮道に分かれる。緑地には大きな鳥居や道標、常夜灯などが立っている。

東海道名残りの一本松

昔このあたりから泊の集落まで東海道の両側に低い土手が築かれ、その上に大きな松の木が植えられていたそうで、その名残りの松の木が一本そびえている。

日永に向かう道で見つけた案内板。西に進むと、四日市市の小古曽町、采女(うねめ)町へと続く。

杖衝坂

日本武尊(ヤマトタケル)が剣を杖がわりにして登ったという故事から杖衝坂と名付けられた。東海道では箱根、鈴鹿峠に次ぐ難所のひとつともいわれ、芭蕉が馬で登ろうとしたが坂が急すぎて落馬したことを「歩行(かち)ならば、杖つき坂を落馬かな」と詠んだ句碑もある。

街道の土産

なが餅

創業天文19(1550)年。戦国武将・藤堂高虎が「武運のながき餅を食うは幸先よし」と大いに喜んだという。北海道産小豆の粒あんを厳選した国産もち米のお餅で包み両面を香ばしく焼き上げる。

なが餅笹井屋本店

☎059-351-8800　三重県四日市市北町5-13

日永うちわ

300年の伝統がある日永うちわは、持ち手の部分が丸い竹をそのまま使った丸柄が特徴で、持ちやすく、頑丈で弾力性に富むうちわとして人気がある。

稲藤《いなとう》

☎059-345-1710　三重県四日市市日永4-4-48

四十四 石薬師《いしやくし》宿

石薬師の一里塚

石薬師宿の西のはずれにある一里塚跡で、日本橋より百二里目にあたる。榎の木の下に石碑と常夜灯がある。

石薬師「石薬師寺」

現在

石薬師寺

726年創建の古刹で、鈴鹿の厄除け祈願の寺として親しまれている。

静謐な時間が流れる宿場町、石薬師。広重が描いたような、気持ちの良い田園風景が広がっている。

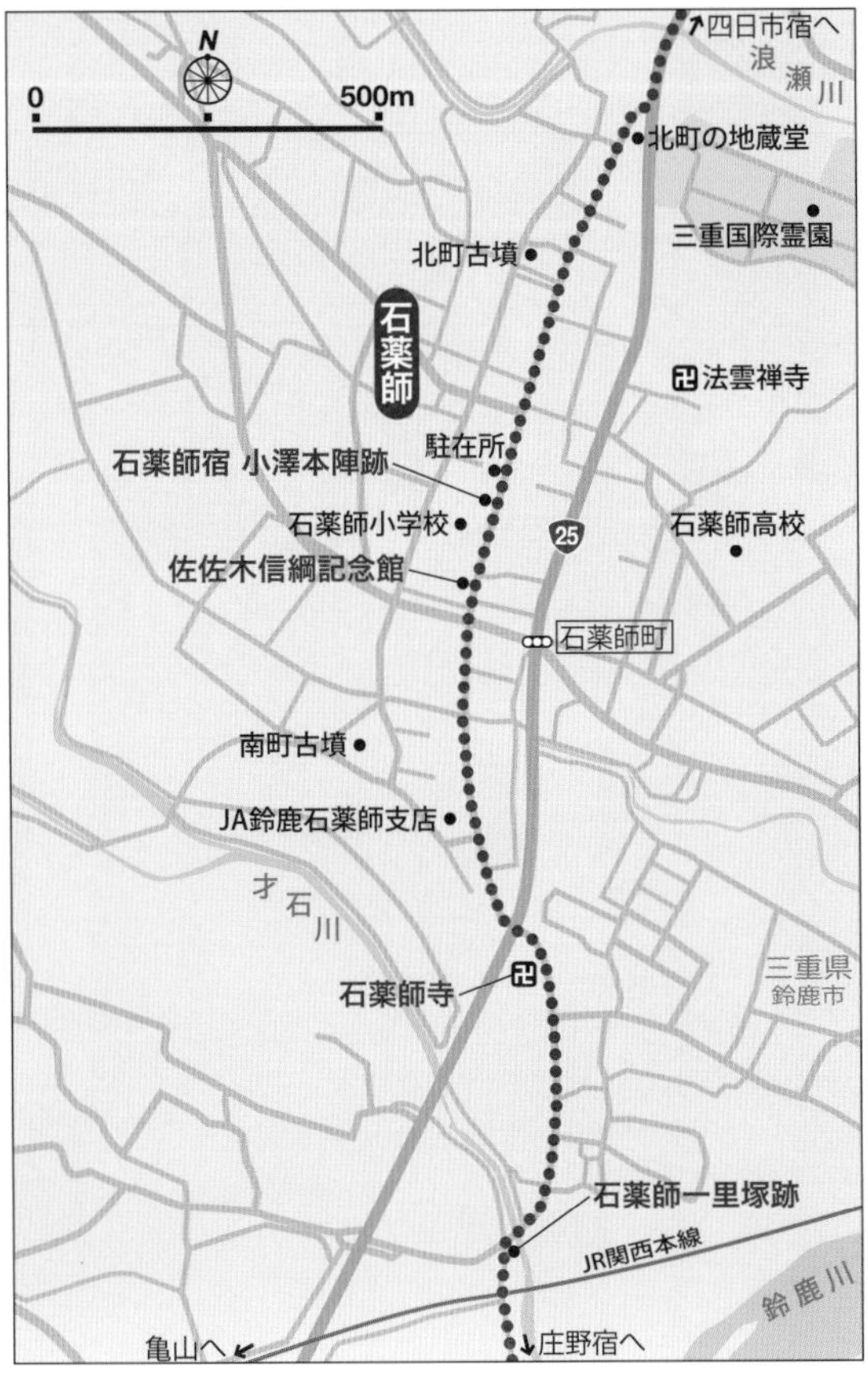

四日市宿の次は亀山宿であったが、宿間が長すぎるため、後に石薬師宿と庄野宿が新たに設けられた。石薬師宿は宿場としては新しく、東海道の宿の中で小さい宿場だったそうだが、以前から石薬師寺の門前町としてにぎわっていたという。史跡は少ないが、小澤本陣跡と佐佐木信綱記念館は見ごたえがあり、その界隈は東海道の名残りを感じることができる。国道1号線を陸橋で渡ると広重の絵にも描かれた石薬師寺がある。山門をくぐり、木々に覆われた参道を歩くと、なぜだか心が落ち着いてくる。蒲川橋を渡ると一里塚跡があり、のどかな雰囲気に古の旅人に思いをはせることができる。

石薬師寺の静かな門前町

小澤本陣跡。忠臣蔵で有名な浅野内匠頭や大岡越前守、徳川家光などの名前が載った宿帳が保存されている。

民家が立ち並ぶ、小澤本陣跡周辺の街道。時間を忘れてのんびりと歩みを進めたい。

佐佐木信綱記念館

唱歌「夏は来ぬ」で知られる明治生まれの歌人で国文学者でもある佐佐木信綱の生家と資料館がある。館内では、第1回の文化勲章をはじめ、信綱の著作や遺品を展示している。

庄野宿

四十五

しょうの

庄野宿の町並み

連子格子がある古い建物が庄野宿の往時のにぎわいを今に伝えているよう。

現 在

庄野「白雨」

白雨の坂（推定）

歌川広重が庄野宿を描いた「庄野の白雨」は、急に降り出した夕立に慌てる人々が生き生きと描かれており、広重の東海道五十三次の中でも白眉とされている。

本陣跡

庄野宿は石薬師宿と同様に、四日市宿から亀山宿の間が長いために新設された。本陣、脇本陣それぞれ一つの小さな宿場だった。本陣跡には、現在は集会所が立つ。

高札場跡

幕府や領主による法度（禁止事項）や掟書（取り決め）などを書いた板札を掲げておく場所。庄野資料館では、実物の高札を見ることができる。

石薬師宿から庄野宿の間はわずか2・7㎞。四日市～亀山が長すぎるために設けられた宿場であり、東海道では最も新しい宿場である。「庄野町西」の交差点脇に庄野宿の石碑と案内板があり、ここから庄野宿が始まる。道幅の狭い通りには、連子格子がある古い商家が連なり、往時の雰囲気を感じることができる。旧小林家住宅は庄野宿資料館になっており、本陣の資料や民具などが展示されている。さらに先へ進むと、右手に庄野集会所があり、入り口脇に庄野宿本陣跡の石碑が。高札場跡を過ぎると川俣神社が現れ、その先に「東海道庄野宿」の石柱が見えてくると、早くも庄野宿は終わりである。ところで、広重の「庄野の白雨」の現在地は工場の敷地内らしく、残念ながら確認することはできなかった。

広重の傑作「庄野の白雨」で名を馳せた宿場

庄野宿資料館(旧小林家住宅)。江戸時代に油問屋だった小林家の主屋の一部を創建当時の姿に復元して庄野宿資料館として公開している。

川俣神社

境内には樹齢300年と言われる県指定天然記念物のスダジイ巨木がある。

古民家のたたずまいに癒される。

MINE
本
メガネ
三谷モーターズ↓
アートガーデン 崖の上
ギャラリー KUSUKUSU
アートスペース 7days

四十六 亀山宿

かめやま

樋口本陣跡周辺

樋口本陣跡付近の町並み。江戸口門跡から東町商店街を歩いていると、
左側に本陣跡の立て札のみが残る。

現 在

旧亀山城多門櫓

亀山城は、天正18(1590)年に岡本宗憲によって築城され、多門櫓は、天守台と言われる本丸高石垣上にある。三重県で唯一現存する城郭建造物として県史跡に指定、また、「平成の大修理」で江戸時代後半の姿に復原され、県有形文化財(建造物)にも指定されている。

亀山「雪晴」

亀山城西之丸外堀跡

復元された西之丸外堀は、城の外周を取り囲む亀山城外堀の一部で、東海道と外堀が並行して接する場所にあった。

江戸口門跡から続く商店街を歩くと、樋口本陣跡がある。往時の痕跡はないが、亀山城大手門跡を左に曲ると城下町らしく、枡形の道が続く。道沿いには連子格子の商家が立ち、風情ある町並みが残る。江戸時代の医家であり自然科学者でもあった飯沼慾斎生家跡を過ぎると「亀山城西之丸外堀跡」に着く。さらに進むと梅厳寺があり、ここに京口門跡がある。広重の「雪晴」はこのあたりから見た風景だというが、今ではわからない。関宿に向かってしばらく行くと、野村一里塚が見えてくる。

野村一里塚

樹齢400年といわれる椋(むく)の木がそびえる一里塚。椋の木の一里塚は全国でもここだけだそうだ。

亀山城の城下で栄え、今も往時の町並みが残る

亀山城大手門跡を過ぎると、連子格子や瓦屋根の建物など、情緒豊かな家並みが続く。

街道の土産

亀乃尾

江戸後期より受け継がれる古今和歌集の賀歌を題材にした餅菓子。上質なこし餡をやわらかい求肥で包んだ上品な銘菓。

瑞宝軒
☎0595-82-3331　三重県亀山市御幸町231-54

京口門跡

門や櫓を構えた壮麗な姿は「亀山に過ぎたるものが二つあり伊勢屋蘇鉄に京口御門」と謳われ、広重の絵にも美しい情景が描かれたが、今では面影を探すことは難しい。

亀山市歴史博物館

亀山公園に隣接する博物館で、亀山市の歴史文化に関する資料を収集展示している。亀山宿の町並みを再現したジオラマも展示。

四十七 関宿《せき》

関宿の町並み
江戸時代にタイムスリップしたかのような町並みが続く。

現 在

関「本陣早立」

川北本陣跡　広重が関宿を描いた「本陣早立」は、本陣に宿泊した大名の出立の様子を描いている。川北本陣がモデルだといわれているが、今は石の標柱があるだけだ。

関宿は江戸時代に東海道が整備されるよりもはるか昔の古代から交通の要衝として栄え、古代三関のひとつ「鈴鹿関」が置かれた。関の名もこの鈴鹿関が由来になっている。東海道五十三次の多くの宿場は第二次世界大戦の戦禍によって焼失してしまったが、ここ関宿は戦禍を免れ、歴史的な町並みが往時のまま残る貴重な宿場となっている。そのことから国の「重要伝統的建造物群保存地区」にも選定されている。

関宿の東の入口であり、伊勢別街道の分岐点でもある東追分から関宿に入ると、すぐに連子格子や虫籠窓がある民家が連なり、いきなり江戸時代にタイムスリップしたかのような気分になる。しばらく歩くと左手に「関の山車《やま》会館」がある。「一生懸命やってもこれが限界」という意味の「関の山」の語源がここからきていることは意外と知られていない。川北本陣跡を過ぎると眺関亭という関の町並みが一望できる展望台があり、さらに進むと、旅籠玉屋歴史資料館がある。地蔵院を過ぎてしばらく歩くと、関宿の西の入口にあたる西追分に着く。ここは大和街道の分岐点でもある。

東追分の大鳥居

東追分の伊勢別街道の入口にある大鳥居は伊勢神宮を遥拝するためのもので、20年に一度の伊勢神宮式年遷宮の際、内宮宇治橋南詰の鳥居が移されたもの。常夜灯や道標も残されている。

東海道随一の
江戸期の面影が残る宿場町

眺関亭から関宿の町並みを望む。

街道の土産

志ら玉

江戸時代より旅人に親しまれてきた「志ら玉」は、北海道産の小豆で作ったこし餡を上新粉の生地で包んだ素朴な白玉団子。

前田屋製菓
☎0595-96-0280　三重県亀山市関町中町407

銘菓 関の戸

関宿で江戸時代寛永年間より作り続けている「関の戸」は、赤小豆のこし餡を求肥餅で包んで和三盆糖をまぶした餅菓子。

深川屋
☎0595-96-0008　三重県亀山市関町中町387

伊藤本陣跡

伊藤本陣は川北本陣と並んで関宿の中心的な役割を果たした。

洋館風の建物も町並みに溶け込んでいる。

関の山車(せきのやま)の語源

関町の山車が非常に豪華で、「これ以上の贅沢はできない」ということから生まれたという説や、狭い関宿を山車が道幅を「限度いっぱい」練った様子から生まれたという説などがある。

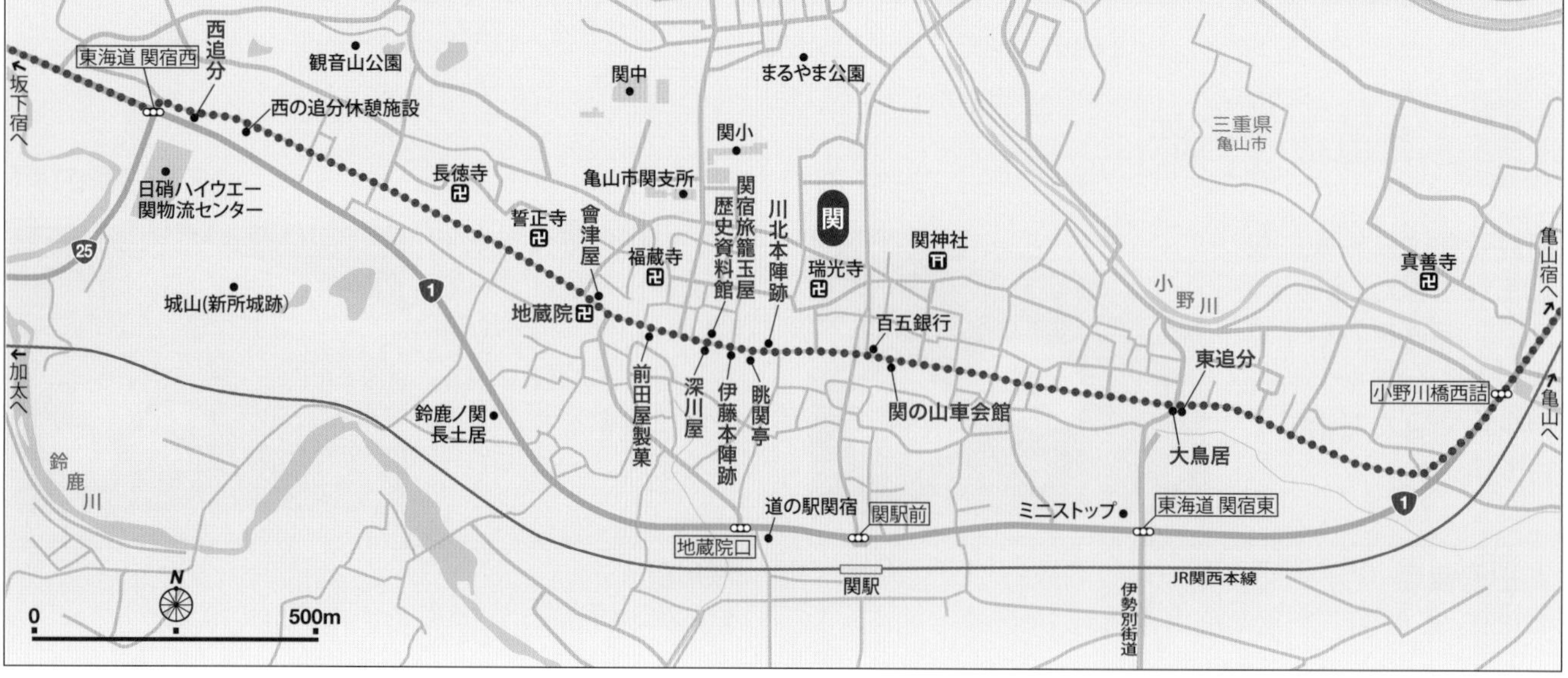

関宿旅籠玉屋歴史資料館

江戸時代、玉屋は関宿を代表する大旅籠の一つで、現在は修復され、歴史資料館となっている。「玉屋」の屋号にちなんで宝珠の玉をかたどった虫籠窓がある。

街道の食

元々は「旅籠 會津屋」という関宿を代表する大きな旅籠で、建物は江戸後期に造られた。名物の山菜おこわは、せいろ蒸ししたもち米に鶏肉、わらび、人参、しいたけ、ごぼうなどの具材を混ぜ合わせており、そばとセットの定食が人気。

山菜おこわ定食

會津屋　☎0595-96-0995　三重県亀山市関町新所1771-1

地蔵院

天平13(741)年開創と伝えられ、「関の地蔵に振袖着せて、奈良の大仏婿に取ろ」と唄われるほど美しく円満な顔立ちの地蔵は、近郷の人たちや東海道を旅する人々から信仰を集めた。本堂、鐘楼、愛染堂の三棟が国の重要文化財に指定されている。

四十八 坂下《さかした》宿

坂下宿の町並み

一つ手前の関宿とはある意味で対照的な風景の坂下宿の風景。

静かな里の風景を見ながら東海道有数のにぎやかだった往時の宿場町に思いをはせるのもいい。

現在

阪之下「筆捨嶺」

筆捨山

室町時代の絵師狩野元信が旅の途中でこの山を描こうと筆をとったが、あまりの素晴らしい景観に絵を描くことをあきらめて筆を捨てたということから「筆捨山」の名が付いたという。広重の絵に描かれた茶屋はすでにないが、農家の建物がどこかしら似た風景をつくってくれた。

梅屋本陣跡

本陣3軒、脇本陣1軒、旅籠48軒があったという坂下宿。現在は、道路脇に本陣跡の石柱だけが立っている。

鈴鹿馬子唄会館

民謡「鈴鹿馬子唄」や東海道に関する資料などが展示されている。

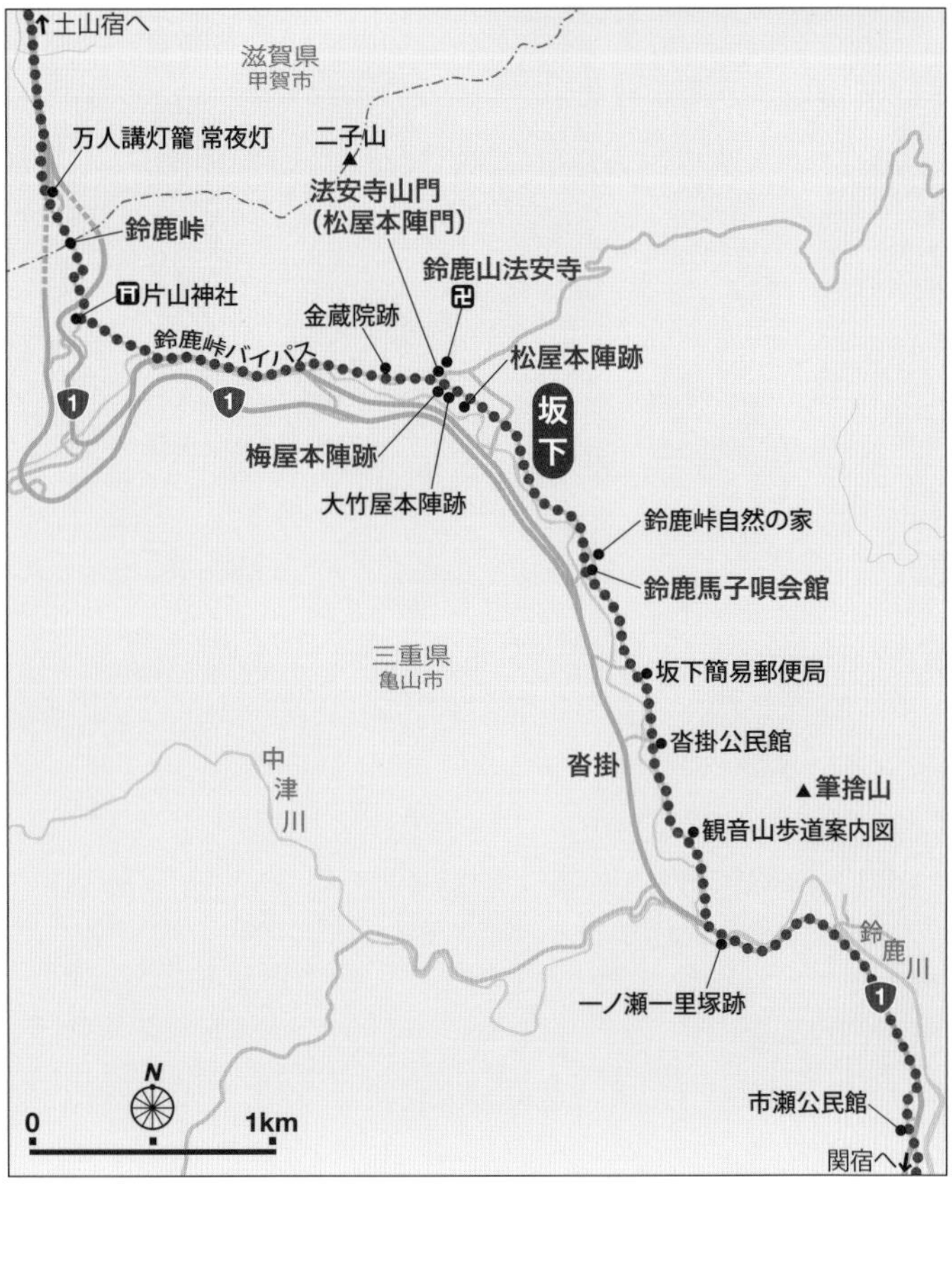

箱根越えに次ぐ東海道の難所といわれていた鈴鹿峠の麓に位置し、その立地から「坂下宿」という名が付いた。室町時代にはすでに宿場町として機能していたようだが、慶安３（１６５０）年に発生した大洪水により宿場は壊滅してしまい、１kmほど関宿寄りの現在の位置に移転し復興された。江戸時代には峠越えをする多くの人たちでにぎわっていたが、明治になって関西鉄道（現ＪＲ関西本線）が開通し、国道のバイパスもできて人の流れが変わり、町はすっかり衰退してしまった。

鈴鹿峠越えを控え、大いににぎわった宿場町

歩く人も通り過ぎる車もほとんどないが、道幅の広さが往時のにぎわいを今に伝えている。

バス停筆捨山付近の集落の家並み越しに広重が描いた筆捨山が見える。一里塚跡の石碑を過ぎると東海道は国道と分かれて右手に進み、沓掛《くつがけ》の集落に入る。クルマの通行量も減り、のどかな里が続く。鈴鹿馬子唄会館を過ぎるとやがて松屋本陣跡、大竹屋本陣跡、梅屋本陣跡と続くが、いずれも石柱碑があるのみ。片山神社を過ぎるといよいよ鈴鹿峠も近い。

松屋本陣跡

坂下宿の本陣は明治以降すべて取り壊され、この松屋本陣も跡地が小学校になり、さらに廃校後の現在は公民館とバスの車庫になっている。

法安寺 庫裏《くり》玄関

松屋本陣の玄関の門を移築した唐破風造りの山門。往時の華やかさがしのばれる。

四十九

土山《つちやま》宿

土山家本陣跡周辺

本陣跡周辺は、問屋宅跡や旅籠跡が点在し、江戸時代の風情が色濃く残っている。
土山家住宅の離れをはじめ4棟の建物は、国の登録有形文化財。

現 在

土山「春之雨」

田村川（海道橋）

広重が土山宿を描いた「春之雨」は、雨の中を大名行列が田村川に架かる橋を渡っている様子を描いている。現在の海道橋は安永4（1775）年に架けられた田村永代板橋を復元したもの。広重が描いた田村川は雨で増水していたが、この日は穏やかであった。

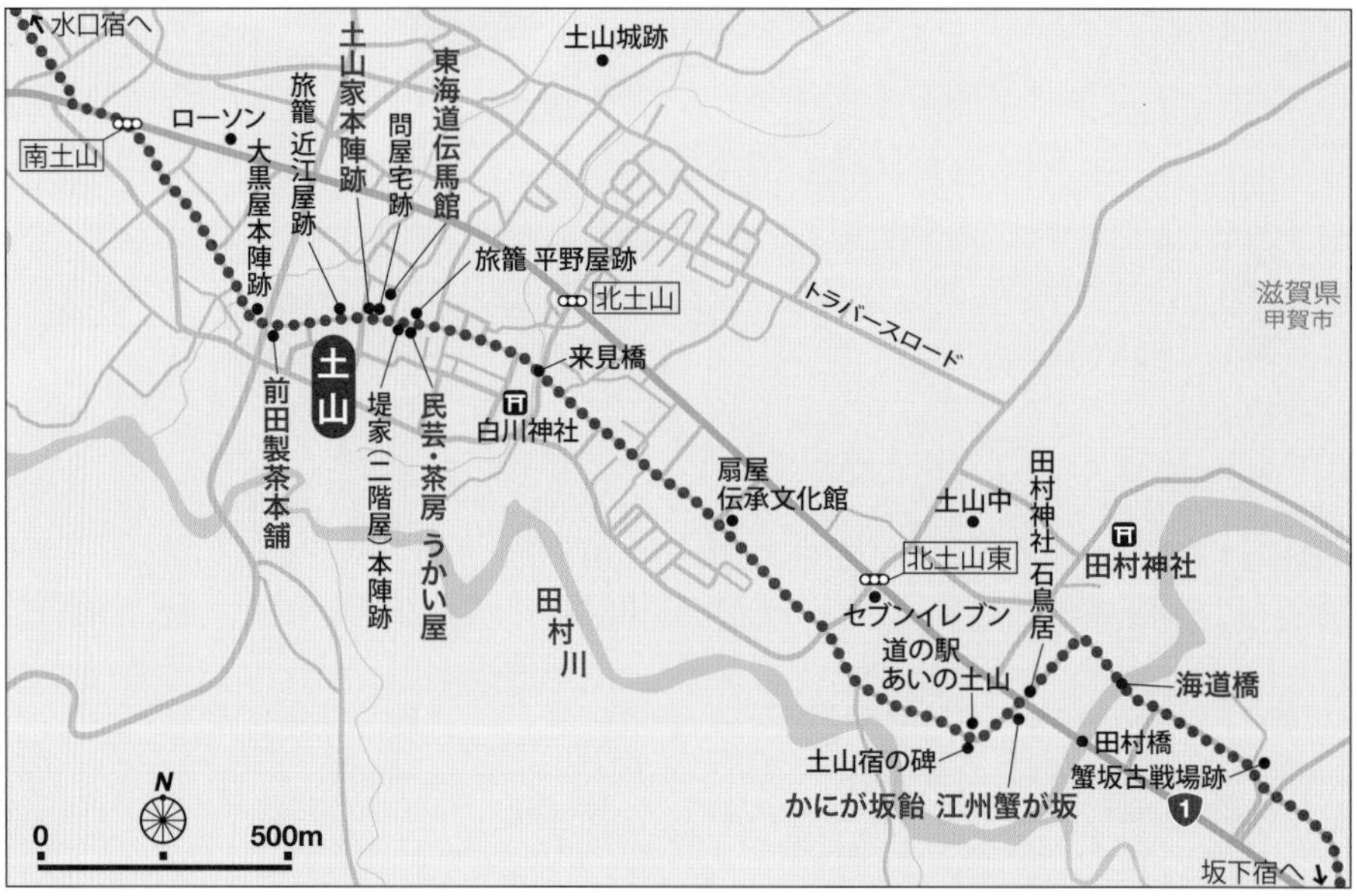

田村神社

鈴鹿峠の鬼退治の伝承がある征夷大将軍、坂上田村麻呂を祀った古社。2月中旬に開催される厄除大祭は多くの人でにぎわう。

鈴鹿峠を越えると東海道はいよいよ近江国、今の滋賀県に入る。土山宿は鈴鹿馬子唄で「坂は照る照る 鈴鹿は曇る あいの土山 雨が降る」と唄われ、天候の変化が激しいところだといわれている。広重の絵に描かれた田村川に架かる橋（海道橋）を渡ると坂上田村麻呂を祀った田村神社がある。東海道は一の鳥居までその参道も兼ねた荘厳な道となっている。土山茶の茶畑を眺めながら歩くと次第に古い町並みが続くようになる。旅籠跡の石柱碑が次々と現れて、やがて本陣跡に着く。このあたりが土山宿の中心だった。

東海道伝馬館

土山宿の文化や観光情報を発信。広重の東海道五十三次の全宿場を模型にした盆景も楽しい。建物は江戸後期に造られた土山の民家を改装したもの。

土山家本陣跡

三代将軍徳川家光が上洛の際に設けられた。明治天皇は天皇即位後、ここで初めての誕生日を迎えた。上段の間や宿帳などが現存。

近代化の波から取り残された宿場町

土山宿の街道には、昔ながらの八百屋や商店のほか、東海道検定事務局もあった。

街道の土産

かにが坂飴

1200年以上続く素朴な飴。この地に現れた蟹の化け物伝説から生まれた。

江州蟹が坂(八ツ割飴協同組合)
☎0748-66-1426
滋賀県甲賀市土山町南土山甲1301

土山茶

江戸時代より街道の名物として売られてきた。「かぶせ茶」が多く生産されている。

前田製茶本舗
☎0748-66-0008
滋賀県甲賀市土山町南土山甲438

街道の食

鴨せいろそば

土山宿では貴重な食事処で甘味もそろっている。店主は東海道通で東海道のことを色々と教えてくれる。民芸品や雑貨の展示販売も。

民芸・茶房 うかい屋　☎0748-66-0168
滋賀県甲賀市土山町南土山甲328

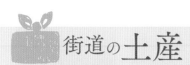

水口《みなくち》宿

五十

三筋の町・水口宿
高札場跡を過ぎると、写真のように東海道は二手に分かれる。この後、さらに二手に分かれる。

現 在

水口「名物干瓢」

名物干瓢《かんぴょう》

広重が描いた「名物干瓢」は、女性がユウガオを細く削って縄に干し、かんぴょう（干瓢）を作っている様子。この絵の場所は特定できなかったが、かんぴょうは今でも水口の特産品で、夏にはかんぴょうの天日干しの光景がみられる。

三筋の町

東海道の左右にそれぞれ道が分かれ、並行して伸びた後、ふたたび三本が合流し道が紡錘状になっている。

東見付跡

水口宿の東端に位置する東見付（江戸口）の跡。冠木門が復元されている。

甲賀市ひと・まち街道交流館

近江鉄道の水口石橋駅の近くにある交流館で、水口宿の歴史や文化、特産品などを紹介している。

城下町でもあった水口宿。豊臣秀吉の命により築城された水口岡山城は、関ヶ原の戦いで落城。その後、将軍家光が上洛する際の宿所として水口城が築かれ再び城下町として栄えた。東見付跡から進み、県道を渡ると脇本陣跡、本陣跡があり、高札場跡が見えてくる。ここから道が二手に分かれ、東海道は左に進むがすぐにまた二手に分かれる。今度は右手が東海道だ。この三つの道は平行に伸びており1kmほどで再び合流する。これが「三筋の町」と呼ばれ、水口宿の特徴的な町並みを作り上げている。

道が三本に分かれる
特徴的な「三筋の町」

水口城跡（水口城資料館）。徳川家光の宿所として築城された水口城は二条城を模して造られ、小堀遠州が作事奉行を務めた。薬研堀に青々とした湧水をたたえ、別名「碧水城」とも呼ばれていた。水口城資料館では水口城に関する資料を展示している。

街道の土産

五十三次

三筋の東海道沿いにある明治33（1900）年創業の和菓子店、長田屋の「五十三次」は大名籠を模した紙箱に懐かしい風味の干菓子が5個入っている。

長田屋
☎0748-62-0458　滋賀県甲賀市水口町本町1-7-7

水口干瓢《かんぴょう》

400年以上の歴史があるといわれる水口のかんぴょうはふんわりとした柔らかさが特長。

甲賀市ひと・まち街道交流館
☎0748-70-3166　滋賀県甲賀市水口町八坂7-4

五十一 石部《いしべ》宿

石部宿周辺

通りには、白漆喰の建物などが立ち、趣のある雰囲気が続く。さらに進むと三大寺本陣跡や高札場跡、問屋場跡がある。当時は、本陣2軒、旅籠32軒を含む458軒が街道の両脇約1.6kmに渡り立ち並んでいたという。

現在

石部「目川ノ里」

目川ノ里(田楽茶屋)

広重の「目川ノ里」は、石部宿と草津宿の間にあった茶店を描いたもの。茶店は今は残っておらず石碑のみが立っている。その代わりに石部宿の中に茶店を再現した「田楽茶屋」が建てられている。今昔対比の写真はこちらを採用した。

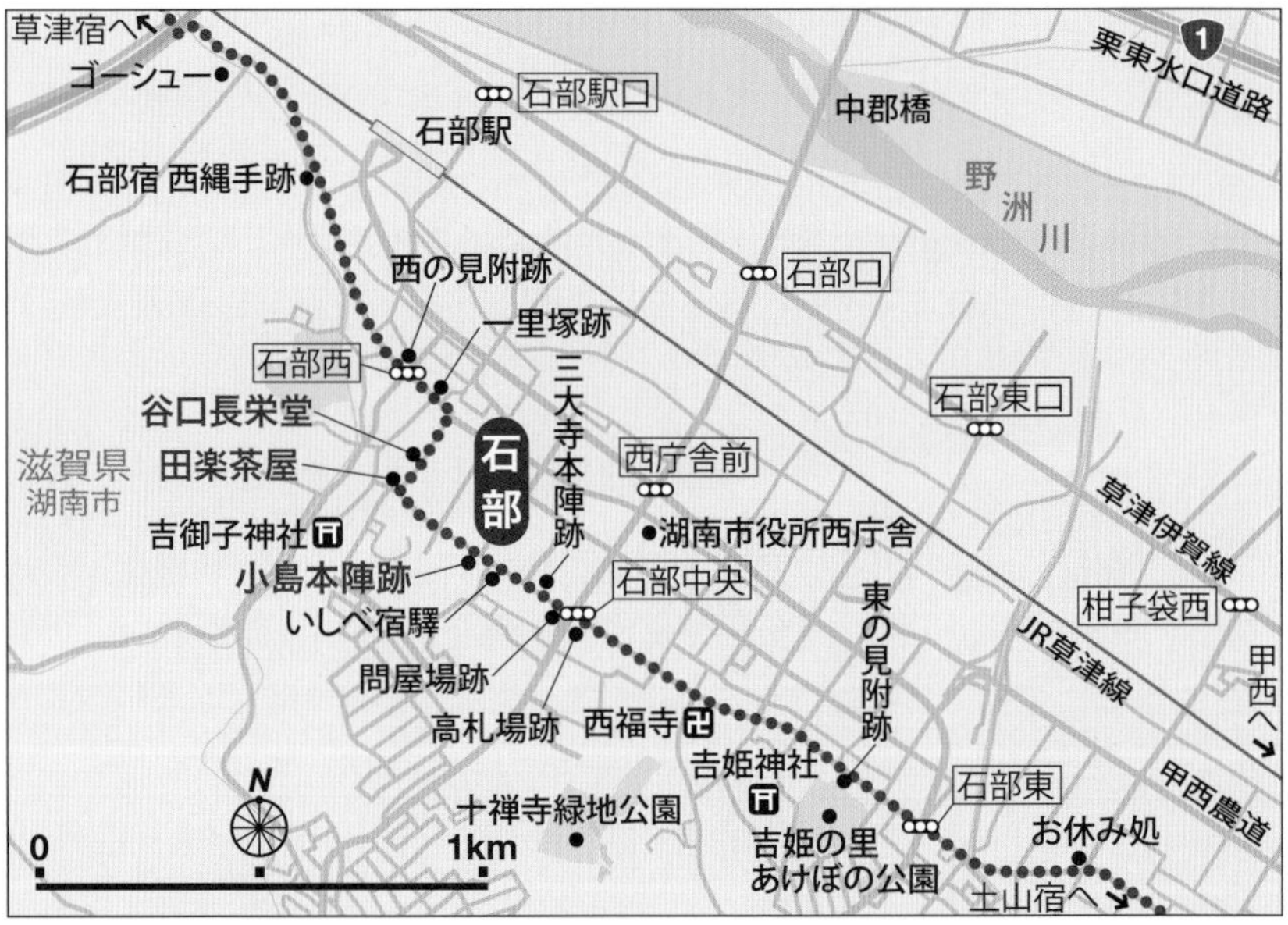

石部宿の町並み

吉姫神社から西福寺まで、旧街道らしい細い道のりが続く。

小島本陣跡

慶安3(1650)年に創建され、数多くの大名や明治天皇なども宿泊した。

京立ち石部泊まり、という言葉がある。つまり京都から東海道を下る旅人の多くが最初に泊まる宿場がこの石部宿だった。また、伊勢参宮街道との分岐点としても多くの旅人でにぎわっていた。しかし今では当時の遺構や面影はほとんどなく、静かな街道らしい佇まいの町並みが続いている。東の見附跡から歩いてすぐのところに吉姫神社があり、女神を祀っている神社らしく静謐な空間が広がる。石部中央の交差点には、高札場跡、問屋場跡、三大寺本陣跡などの案内板がまとめて立っている。その先に無料休憩所「いしべ宿驛」があり、続いて小島本陣跡の石碑がある。田楽茶屋の前で東海道は直角に右に曲がり、またすぐに左に曲がる。鉤の手と言われる構造だ。一里塚跡を過ぎると、やがて西の見附跡の看板が見えてくる。

京都からの旅人が最初に泊まった宿場町

昔のままと思われる細い街道が続き、素朴な街並みを見ることができる。

街道の土産

石部太鼓

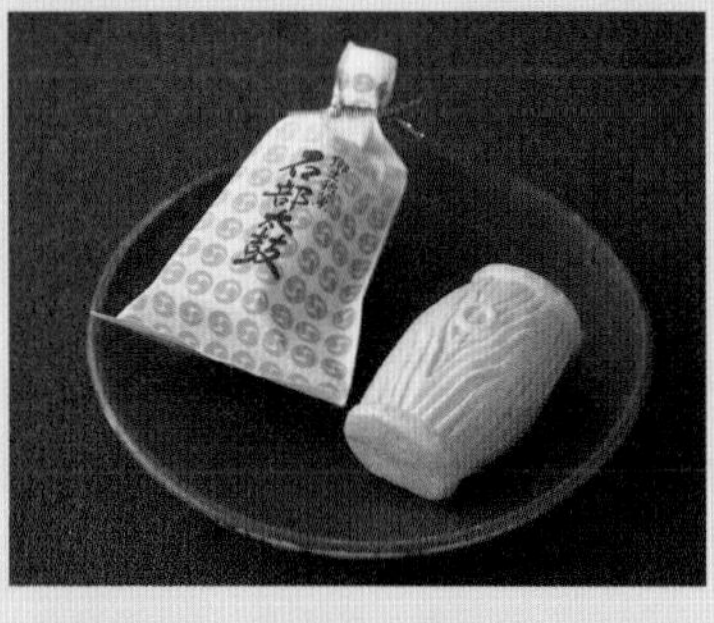

石部宿にある老舗の和菓子屋で売られている。地元の伝統芸能「石部太鼓」にちなんだ最中。

御菓子司 谷口長栄堂
☎0748-77-2101　滋賀県湖南市石部西1-8-13

街道の食

豆腐とこんにゃくの田楽

広重の絵に描かれた茶店を再現した「田楽茶屋」で、名物の田楽などが食べられる。

石部宿 田楽茶屋
☎0748-77-5300　滋賀県湖南市石部西1-8-19

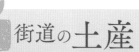

五十二 草津《くさつ》宿

草津宿本陣

草津宿のシンボルである「草津宿本陣」。敷地面積約4300㎡、部屋数39室と、本陣として最大級の規模を誇った。格天の上段の間、畳廊下や湯殿、庭園、台所土間、4棟の土蔵などを見学することができる。

現 在

草津「名物立場」

やばせ道道標（瓢泉堂）

草津宿を後に矢倉橋を渡ってしばらく行くと矢橋道との分岐点に「やばせ道道標」があるが、かつてここに「うばがもち」の茶屋があり、広重が描いた「名物立場」はその茶屋を描いたもの。現在は全国でも珍しいひょうたんを売る店がある。

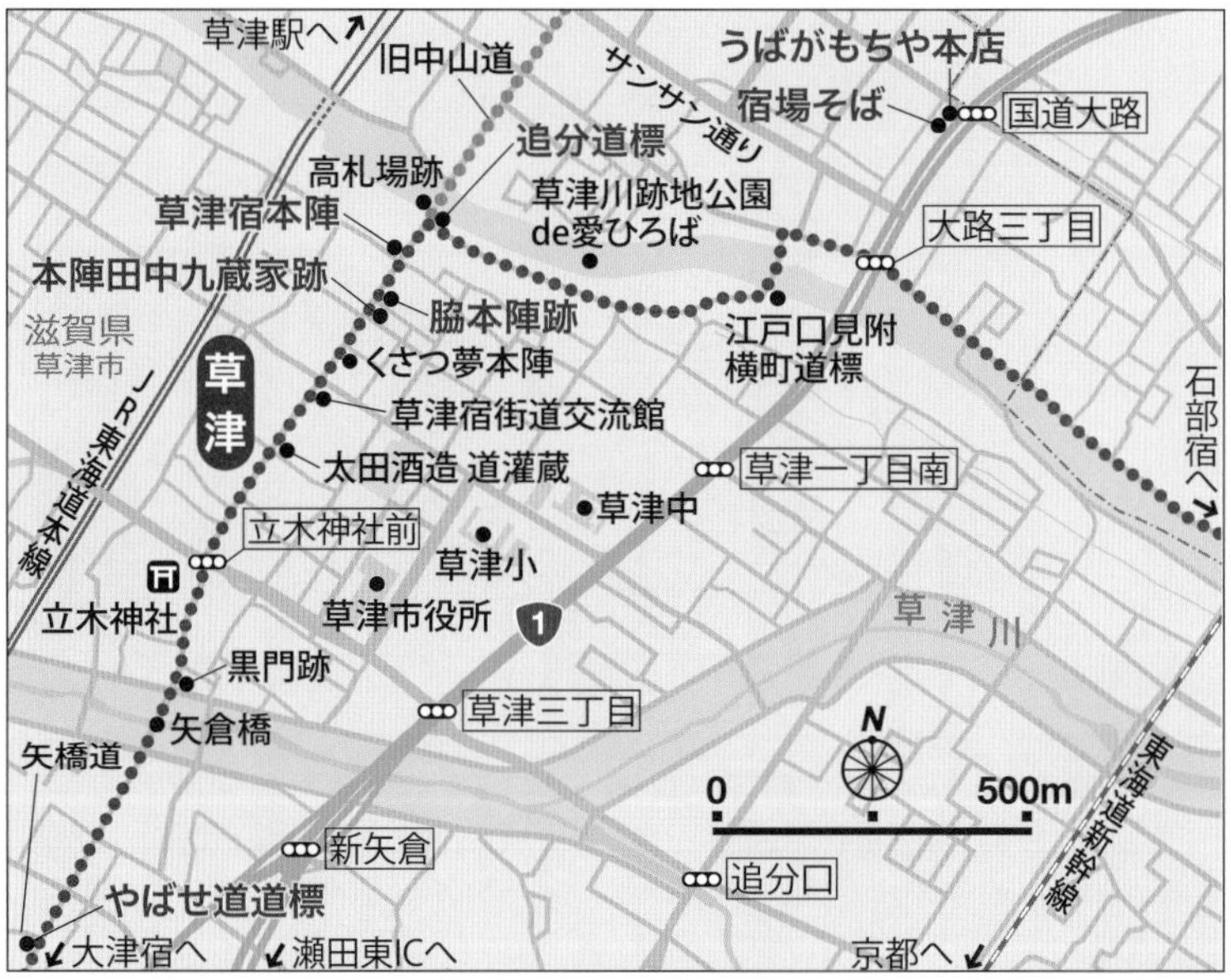

草津宿本陣 ※2024年6月～2025年3月末まで工事のため休館

寛永12（1635）年から明治3（1870）年まで約240年間にわたって数多くの大名や公家が休泊のために利用した本陣。東海道筋では唯一ほぼ完全に残っている本陣で国指定史跡。

京都・三条大橋を目指して上州や信州を経由してきた中山道と再び合流するのが草津宿だ。合流地点には「右 東海道 いせみち 左 中山道 美のぢ」と書かれた追分道標が立っている。二つの街道が合流する交通の要衝だった草津宿は当然大きな宿場町だった。都市化の波で当時の面影は薄れてしまったが、中でも異彩を放っているのが、2軒あった本陣の一つ田中七左衛門本陣だった「国指定史跡草津宿本陣」である。現存する本陣では最大級で、江戸時代に建てられた建物はもちろんのこと、吉良上野介、浅野内匠頭、皇女和宮、土方歳三、シーボルトなど歴史上著名な人物の名前が書かれた大福帳など貴重な資料も保存されている。本陣周辺には新しい高層マンションが建つ一方で、昔ながらの木造の商家も残っている。

本陣田中九蔵家跡・
脇本陣跡周辺

瓦屋根の旧家などが並ぶ、旧街道らしい雰囲気が続く。篤姫や将軍家茂が利用したという本陣田中九蔵家跡、向かいには脇本陣跡がある。

東海道と中山道が合流する交通の要衝

東海道と中山道の分岐点に立つ火袋付きの追分道標は、街道を往来する人々の寄進によって建てられたと伝えられている。右が東海道、左が中山道。

街道の土産

うばがもち

草津産のもち米「滋賀羽二重糯」で作った餅を北海道産小豆のこしあんで包み、その上に白あんと山芋の練りきりを載せて乳房を表している。400年以上の歴史がある草津宿の名物。

うばがもちや本店
☎077-566-2580　滋賀県草津市大路2-13-19

街道の食

本陣そば
(三味そば)

うばがもちや本店の隣にある、その名も宿場そば。海老天、とろろ芋、にしんの3種類のそばにデザートのうばがもちが付いている。

宿場そば
☎077-562-0816　滋賀県草津市大路2-13-19

宿場町を知る③

街道最大の難所は「川渡し」。徒歩の渡しは辛くとも、
「茶屋」の美味を励みに人々は旅を続けた。

川渡し《かわわたし》

荒井「渡舟ノ図」

嶋田「大井川駿岸」

主要河川の橋が禁じられたため、川は船か人足の徒歩(かち)渡しで越えた。「越すに越されぬ大井川」と詠われた難所もあり、天候が荒れれば「川留」で旅費もかさんだ。浜名湖や桑名では湖や海の渡しもあった。

茶屋《ちゃや》

丸子宿の元祖 丁子屋(静岡県)

鞠子「名物茶店」

箱根宿の甘酒茶屋
(神奈川県)

宿場間に設けられた休憩所。土間があり間仕切りはすべて建具だけの開放的な造りで、東海道では箱根や丸子に当時の姿を残す茶屋が今も商う。甘酒や自然薯など珍しく滋養の高い名物は旅の愉しみでもあった。

大津宿で茶屋を営み、明治に鰻屋へ

逢坂山の歴史とともに歩んだ「逢坂山 かねよ」

「かねよ」の名物、きんし丼®。こだわりの卵3個を使った厚みのあるだし巻き卵を鰻まむしの上に載せた艶やかなきんし丼2,970円（右）。本店では、約800坪の庭園を眺めながら食事を楽しめる（左）。

明治5（1872）年に鰻屋として創業した「かねよ」。前身にあたる峠の茶屋は、江戸時代から東海道を行き交う旅人を温かくもてなしていた。そして、その周辺はまさに東海道の交通の要衝であった。

これやこの
　ゆくもかえるもわかれては
　　知るも知らぬも逢坂の関

蝉丸法師がかく詠んだ、はるか平安時代より多くの歴史上の人物が行き交い、旧東海道時代、現在に至るまで続く「逢坂の峠」。平安時代には、「逢坂の関」を枕詞として、清少納言、三条右大臣をはじめ、貴族や歌人たちが詠った和歌が数多くある。江戸時代に峠の茶屋として、明治に鰻屋として創業した「かねよ」の店舗前には、蝉丸法師が祀られる蝉丸神社が立つ。

旧東海道の交通の要衝だった逢坂山

往時、「かねよ」の店舗前の旧東海道の両脇には山が迫り、道幅の狭い街道をはさんで、茶屋や土産物屋がびっしりと並び、東海道随一と呼ばれる逢坂の関であったという。江戸時代、三街道の集まる逢坂の関には、京へ運ばれる物資を積んだ牛車、馬車が頻繁に通行していたが、土道の峠は通行の難所であった。急勾配だったため、江戸時代には、大津から京都三条までの12㎞の「車石」をこの旧東海道に敷き連ねたという。「かねよ」本店庭園には今もその「車石」が残る。

逢坂の関所はかつて、京と近江を隔てる厳しい場所で、関所破りをした者などはその場で厳罰に処されたという。その当時の関所の門扉を開け閉めする閂石（かんぬきいし）も「かねよ」本店の庭園に残っている。

明治期、逢坂山の地で「かねよ」が創業

明治になり伊勢付近から京へ鰻を運ぶ若者が逢坂山の峠の途中で一服するうち、茶店の娘と恋におち、逢坂の地で鰻屋を始めたという。大正時代には、野口雨情ら、多くの文人たちが「かねよ」を訪れた。

令和の現在、逢坂山峠には京阪電車が走り、国道1号線にひっきりなしに自動車が通っている。「かねよ」は、ここ逢坂山の長い歴史を見守りながら、伝統の味を守り続け、今もなお旅人をもてなし続けている。

「かねよ」本店庭園に残る「車石」。車輪を通すための溝を掘り、二列に並べた「車石」が京都まで敷き連ねられ、荷車が峠を越える手助けとなったのだ。

（すべて吸物・漬物付き　10%税込）

▪きんし丼	2,970円
▪上きんし丼	3,300円
▪特きんし重	3,630円
▪特上きんし重	4,730円
▪極上きんし重	5,500円
▪超極上きんし重	6,710円

本店利用の場合、別途サービス料10%

日本一のうなぎ
逢坂山かねよ®

本店：tel.077-524-2222　れすとらん部：tel.077-522-6151
滋賀県大津市大谷町23-15　［ 営業時間 ］11時～20時30分（L.O.20時）
［ 定休日 ］本店：木曜日　れすとらん部：火曜日　※ほか、不定休あり

KEIHAN
Keihan Railway
805
RENTAL VIDEO
FIRE HYDRANT
消火栓
のぞみクリニッ
562-1170 草津市役
方面

五十三

大津《おおつ》宿

札の辻・本陣跡付近
この付近は県道(旧東海道)の道路の上を京阪電鉄京津線の電車が走る併用軌道となっている。
市電ではない普通の電車が道路を走る風景は全国的にも珍しい。

現 在

大津「走井茶店」

月心寺

逢坂山の関を過ぎた大谷という場所にこんこんと清水が湧き出す「走井」があり、古くは『枕草子』に紹介されている。江戸期に入ると、それにちなんだ名物「走井餅」を売る茶屋が開かれ、広重により「走井茶店」として描かれた。その後、茶屋はなくなり、現在この場所には日本画家・橋本関雪の開いた月心寺という寺院がある。その境内からは今も清水が湧き続けている。

いよいよ東海道最後の宿場町、大津宿に入る。古くから琵琶湖の湖上交通や街道の要衝として栄え、東海道の宿場町で最大級の規模を誇った。町割が１００町もあったことから「大津百町」と称され、今も滋賀県の県庁所在地として発展し続けている。そのため、当時の面影はあまり残っていないが、それでも街道を歩くと時折古い商家が現れ、宿場町らしい雰囲気を感じることができる。木曽義仲が眠る義仲寺を過ぎ、京阪電車の踏切を渡ると道が二又に分かれ、左手の東海道を進むとさらに二又に分かれる分岐点がある。まるで水口宿の三筋の町を彷彿させるような道筋だが、こちらは再び道が合流することはない。滋賀県庁の建物を左手に見ながらしばらく進むと道端に「此附近露國皇太子遭難之地」と書かれた石碑がある。激動の時代に思いを馳せながらさらに進むと京阪京津線の電車が道路の上を走る県道にぶつかる。ここが札の辻で東海道は交差点を左折する。やがて左手に本陣跡が見えてくる。東海道は国道１号線と合流し、山道を上っていくと天下の三関の一つ逢坂山関所跡がある。

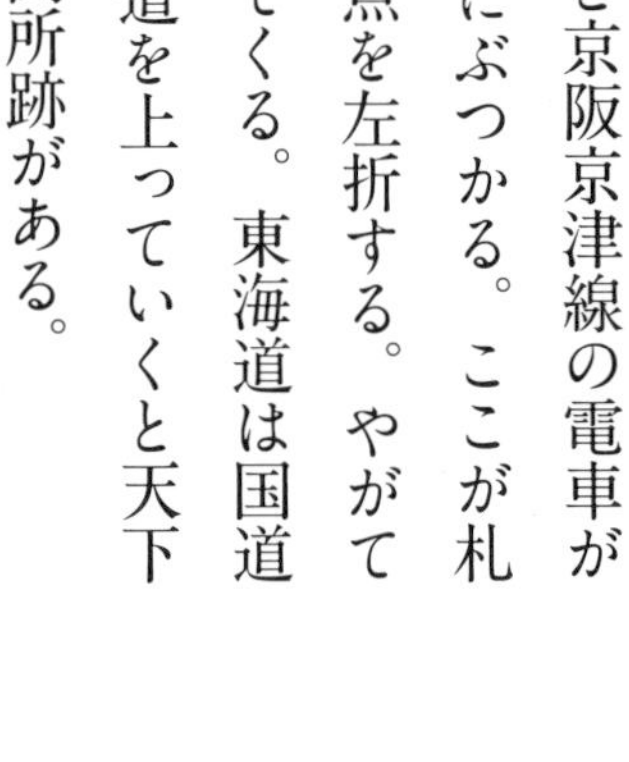

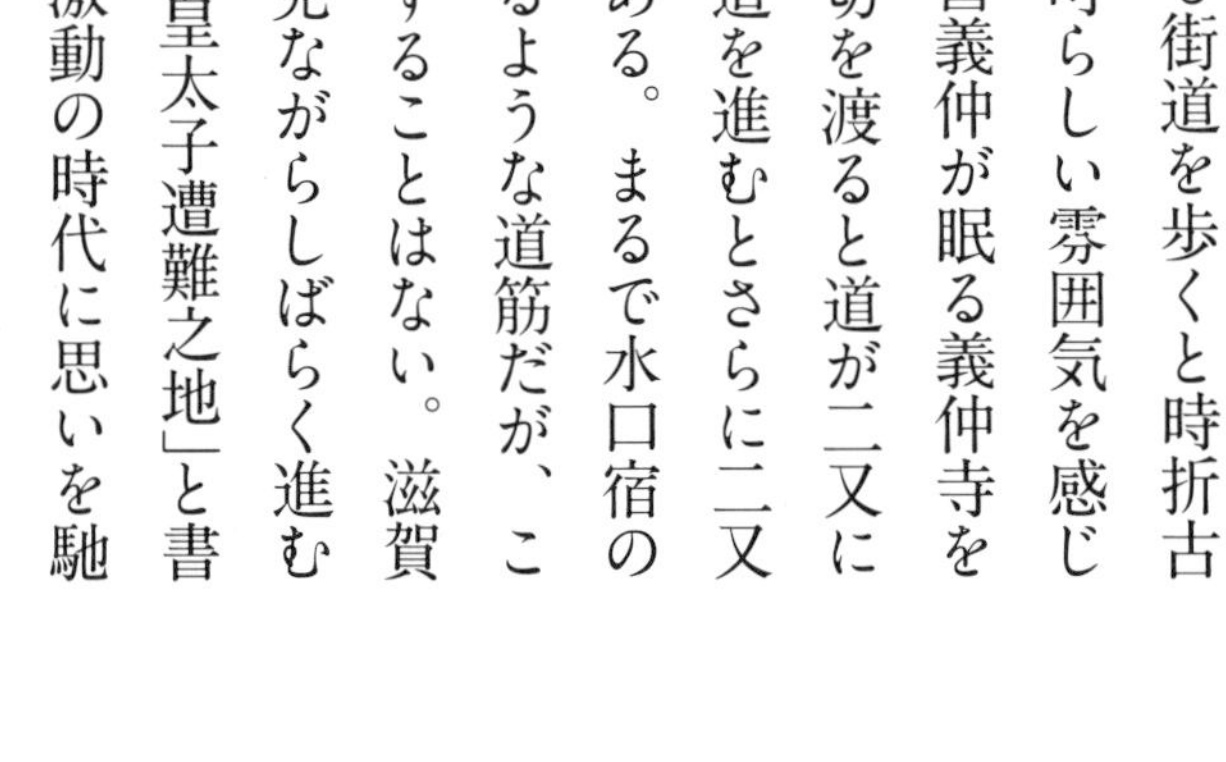

義《ぎ》仲《ちゅう》寺

木曽義仲（源義仲）の墓所であり、彼を敬愛し、この地を愛し幾度となくここを訪れた松尾芭蕉も義仲の隣に眠る寺。義仲の側室でともに戦った巴御前が開山されたともいわれており、巴塚もある。小さな境内には多くの句碑が立てられており、芭蕉ファンの聖地にもなっている。

「大津百町」と称された、五十三次最大の宿場

瀬田の唐橋。日本三名橋の一つで近江八景「瀬田の夕照」で知られる。古くから軍事上の要地で「唐橋を制する者は天下を制す」とまでいわれ、多くの歴史の舞台となってきた。

義仲寺を過ぎて京阪電車の踏切を渡ると、道が二又、さらにその先で二又と分かれていく。左が東海道。

大津宿本陣跡

大津宿には2軒の本陣があったが、残念ながらどちらも遺構は残っていない。ここには大塚本陣があった。

滋賀県庁舎本館

昭和14(1939)年に建てられた県庁舎本館。格調高いルネサンス様式の建物は滋賀県を代表する近代建築。

三井寺

天台寺門宗の総本山。境内に天智・天武・持統の三天皇の産湯に用いられたという霊泉(井戸)があることから、「御井(みい)の寺」と称され、後に「三井寺」と呼ばれるようになった。

蝉丸神社

平安時代の歌人蝉丸と猿田彦命を祀る神社。

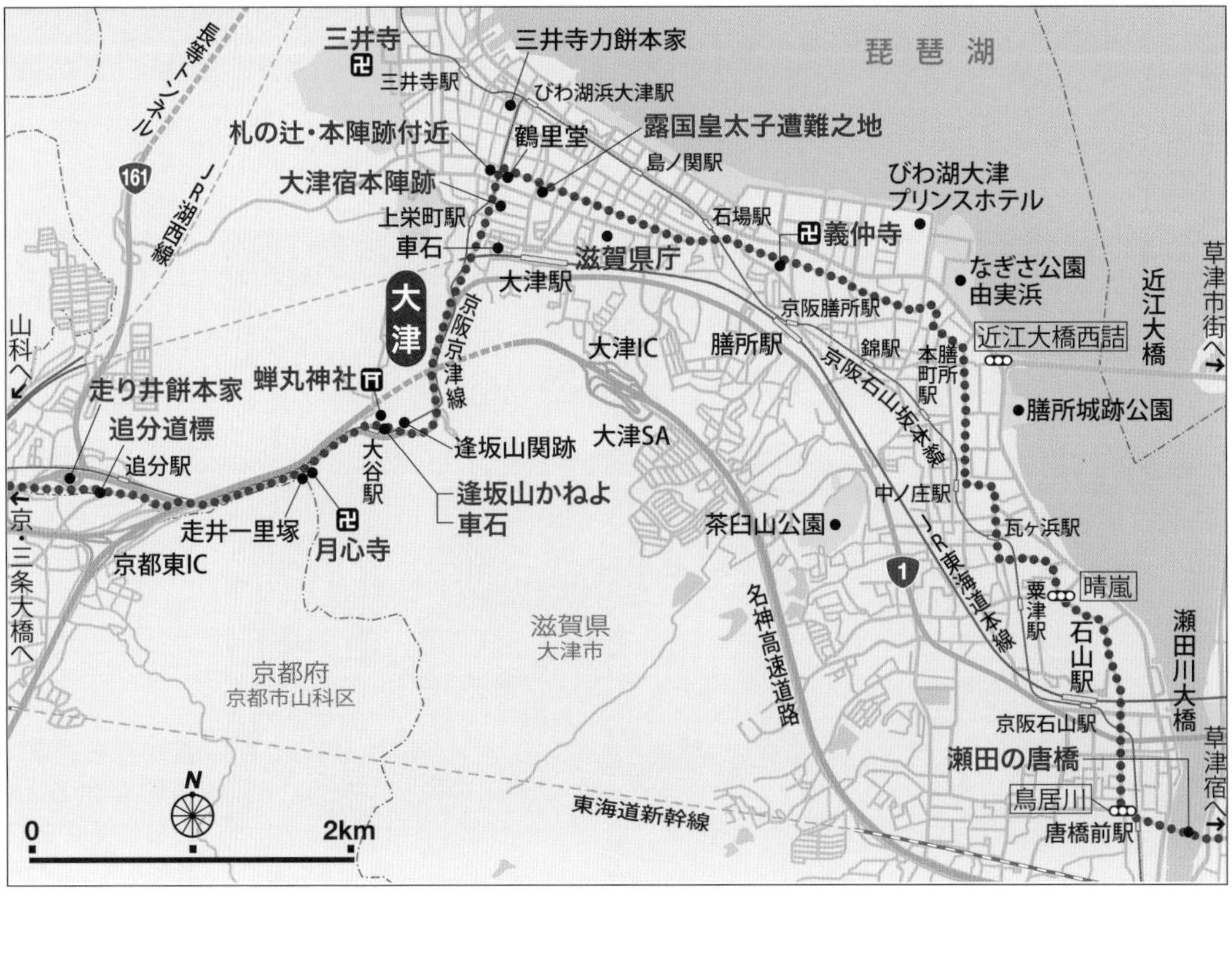

滋賀県庁近くの旧街道では、江戸創業の老舗まんじゅう店や、文化財を利用した日本料理店、連子格子の建物などが点在する。

街道の食

※写真は上きんし丼

きんし丼

明治5(1872)年創業の老舗。鰻まむしの上に卵3つを使った大きく厚いだし巻き卵が載った、見た目のインパクトも大きい街道の名物。

逢坂山かねよ
☎077-524-2222　滋賀県大津市大谷町23-15

露国皇太子遭難之地

明治24(1891)年、訪日中のロシア皇太子ニコライが、警備していた警察官に斬りつけられた「大津事件」があった場所。暗殺は未遂に終わったもののロシアの報復を恐れた明治政府が犯人を死刑にするように司法に迫ったが、大審院長は刑法どおり無期徒刑とし、司法の独立を守ったという点からも歴史的に重要な事件だった。

追分道標

東海道と奈良街道・京街道の分岐点に道標が立つ。右が東海道で京都に向かう。角には「大津百町」の町名板も。

車石

大津宿から京都三条大橋までの間に、牛車が通行しやすいように車輪の幅に合わせて石畳が敷かれていたが、車輪が走る部分が次第に擦り減ってくぼみができた。その石を「車石」と呼ぶようになった。

街道の土産

走り井餅

清らかな水が勢いよく湧き出る「走井」と呼ばれた井戸のそばに茶屋が立ち並び、この湧水で餅を作ったのが始まりといわれ、東海道の名物となった。

走り井餅本家　☎077-528-2121　滋賀県大津市横木1-3-3

大津絵

江戸時代から大津の職人が東海道を旅する旅人に土産物や護符として描き売ったのが始まりで、鬼や神様などが大胆なタッチでユーモラスに描かれている。

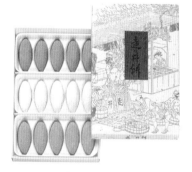

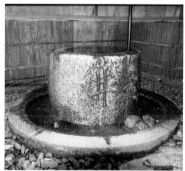

三条大橋
さんじょうおおはし

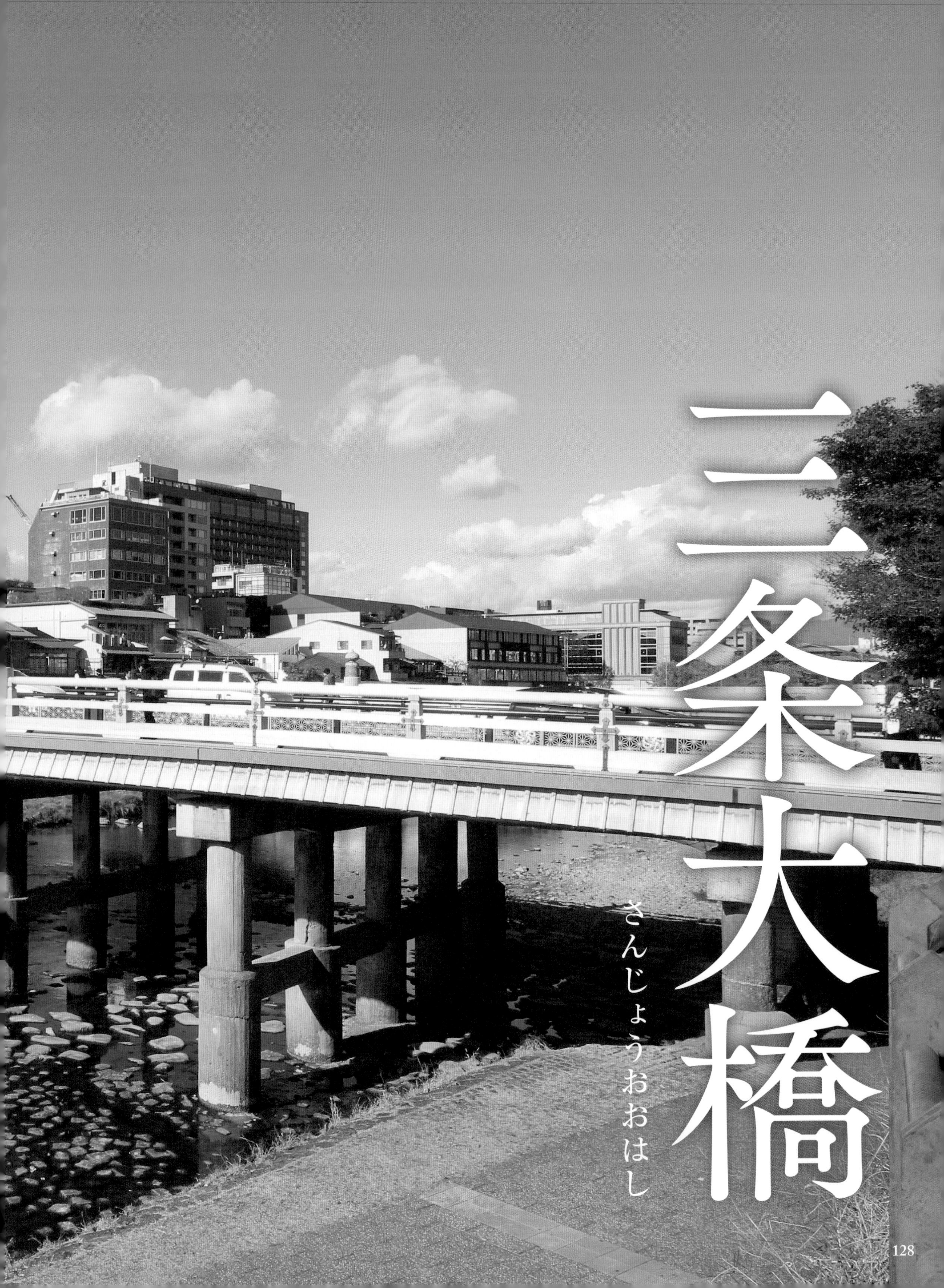

三条大橋

京都・三条通りの鴨川にかかる三条大橋。日本橋から約492km続いた東海道は、ここが終点である。

現 在

京師「三條大橋」

三条大橋

広重が描いた三条大橋には大名行列や旅人の姿が見える。今でも三条大橋は京都を代表する風景の一つだ。擬宝珠は重要文化財となっている。

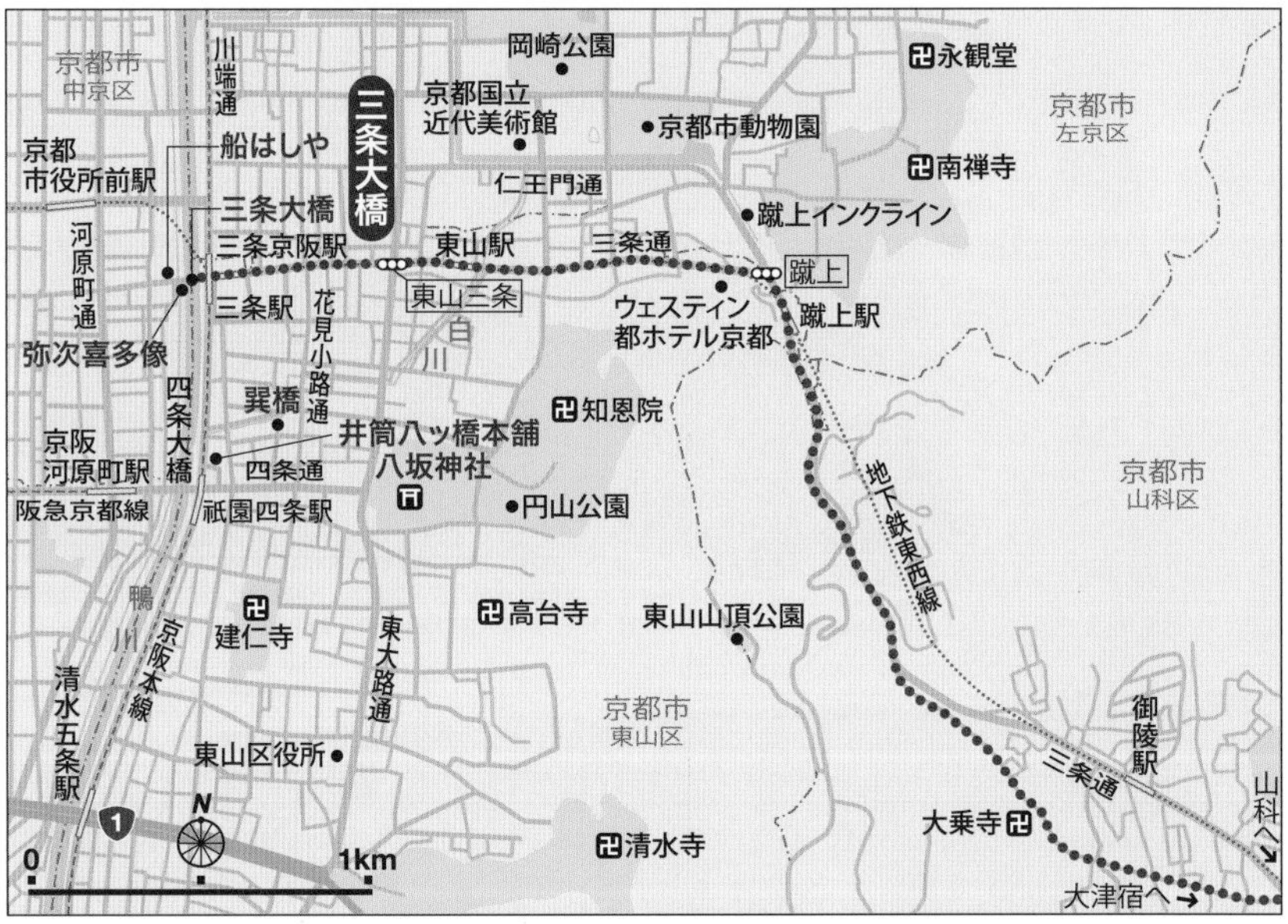

弥次喜多像

三条大橋の西橋詰に十返舎一九の「東海道中膝栗毛」に登場する弥次さん、喜多さんの二人の銅像が立っている。

八坂神社

創建は平安京遷都以前。「祇園さん」と呼ばれ、古くより人々に親しまれている。日本三大祭でもある祇園祭は、約1150年前(平安時代)に始まった八坂神社の祭礼。

三条大橋は、東海道の終点であり、京の玄関口でもある。三条大橋は、天正18（１５９０）年に豊臣秀吉の命によって、木製の橋から石の橋杭に架け替えられた。現在の橋は昭和25（１９５０）年に造られたものだが、欄干の擬宝珠《ぎぼし》は当時のまま。橋の西岸の先斗町《ぽんと》には置屋や料亭などが並び、今も花街の風情が残っているが、昔の旅人も三条大橋を渡って、華やかな京都の街で長旅の疲れを癒したのであろう。多くの旅人を受け入れてきた京都は、今では世界中の旅人を迎え入れる街となった。

巽橋《たつみばし》

祇園の白川に架けられている小さな石畳の橋が巽橋。巽橋一帯は、京都市の伝統的建造物群保存地区に指定されている。京都らしい雰囲気は、写真スポットとしても人気だ。

五十三次の終点は、千年の都の玄関口

祇園周辺。石畳の小路には町屋が並び、情緒豊かな雰囲気があふれている。

街道の土産

古都五色豆

えんどう豆と砂糖だけで作られた素朴な豆菓子で500年以上の歴史がある。船はしやは、三条大橋の西のたもとにある明治から続く老舗。

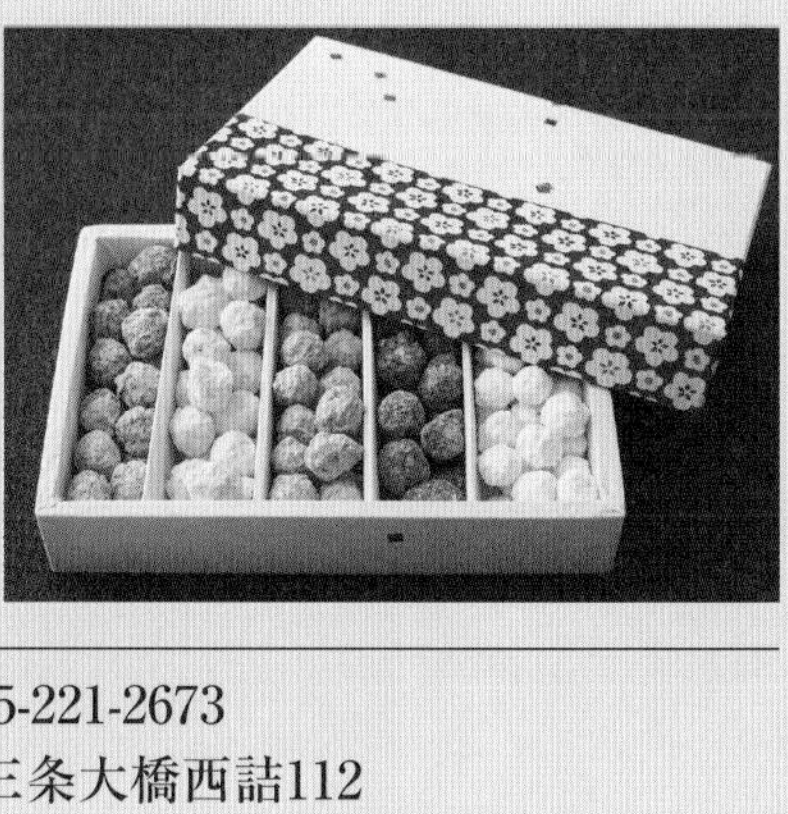

本家 船はしや　☎075-221-2673
京都府京都市中京区三条大橋西詰112

井筒八ッ橋

「六段の調べ」などで知られる箏曲の祖、八橋検校に由来し、検校が教え伝えたといわれる京の堅焼き煎餅を琴の形に仕上げ「八ッ橋」と名付けたのが始まり。

井筒八ッ橋本舗 祇園本店　☎075-531-2121
京都府京都市東山区川端通四条上ル常盤町178

小田原宿と京都、遠州を文化で結ぶ「外《う》郎《いろう》家《け》」

『東海道中膝栗毛』にも登場する、薬とお菓子で知られる小田原宿の老舗「ういろう」は、京都、静岡県森町と深い縁で結ばれている。その関わりを25代 外郎《ういろう》藤《とう》右衛門《えもん》氏にうかがった。

2014年の巡行で「蟷螂山」と写真に収まる外郎藤右衛門氏と社員たち（左）。羽を広げるカマキリは山鉾の中で唯一のからくり仕掛けで人気が高い（右上）。森町の舞楽「蟷螂の舞」（右下）。

京都「祇園祭」との深い関わり

東海道五十三次の始終点、京都三条大橋。夏の京都の風物詩「祇園祭」では、この橋の近くで山鉾《やまほこ》巡行が行われるが、小田原宿の「ういろう」を営む外郎家が深く関わっているのをご存じだろうか。勇壮な蟷螂《かまきり》のからくりが人気の「蟷《とう》螂山《ろうやま》」。この山を永和2（1376）年に創始したのが、薬屋を生業に、通訳や御殿医《ごてんい》などとして朝廷に仕えた外郎家2代目なのである。5代目が北条早雲に招かれ小田原に移り500年。いつしか京都との関わりは途絶え、幕末の大火で一部を焼失した「蟷螂山」は、昭和56（1981）年に復興するまで巡行することはなかった。

転機となったのは20年ほど前、ある歴史作家の話から、25代目が「蟷螂山」との関わりを知ったことだ。そこから蟷螂山保存會との交流が始まり、復興30周年には25代目が巡行に初参加。現在は、毎年若手社員も参加する。「蟷螂山を復興し、私たちに声をかけてくださった京都の皆様には感謝しかありません。弊社社員も、直会《なおらい》を含む貴重な実体験を通じて、伝統を守る大切さを学び、仕事に活かしています」と25代目は話す。

遠州森町でつながる「蟷螂」の縁

室町後期、5代目が京都から小田原に下向する際、見付宿と袋井宿に近い、遠州森町に伝えたとされるのが、「蟷螂山」をルーツとする稚児舞《ちごまい》「蟷螂の舞」だ。「町の中央を太田川が流れる森町は、物流や情報の拠点でした。ここに逗留し、流行り病や近隣権力者などの情報収集をするにあたり、怪しまれず町に溶け込むために舞を伝えたのでは」と25代目は推察する。

舞が奉納される森町の山名神社との縁は、小田原での舞楽公演や、例祭での役目を終えた山車を25代目が引き受け、地元小田原の青年会に寄贈するなど、現在もさまざまな交流が続いている。

「家」でなく「町」として交流を

東海道は、旅人が宿場伝いに旅をすることで、食や土産物などさまざまな文化が発展してきた。「今は交通が発達し目的地に一気に到着できますが、昔の旅人のように、歩くからこそ気付けることがあります」と、25代目は1日10km歩くことを心がける。便利な世の中となり、見るもの知るものが皆、同一に誘導されがちな昨今だが、だからこそ、歩く速さで町の息づかいを感じることが大切と気付かされる。

薬とお菓子の「ういろう」とともに「蟷螂山」、「蟷螂の舞」という文化を営んできた外郎家は、京都と森町、小田原をつないだ。「『家』ではなく『町』として、今後もさらに交流を積み重ねたい」と25代目。文化は継承され、歴史はこれからも続いていく。

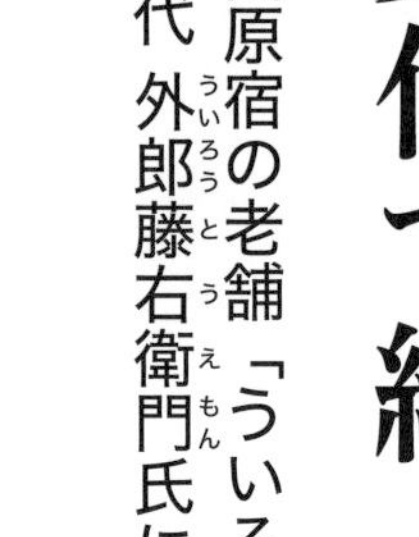

ういろう 代表取締役
25代 外郎藤右衛門さん

1962年生まれ。成蹊大、横浜薬科大卒。金融機関勤務を経て2004年ういろう入社。17年、25代 外郎藤右衛門を襲名。小田原市観光協会会長も務める。

ういろう (電)0465-24-0560
(営)10:00～17:00 (休)水曜・第3木曜
(住)神奈川県小田原市本町 1-13-17
(交)小田原駅より徒歩15分 (駐)15台

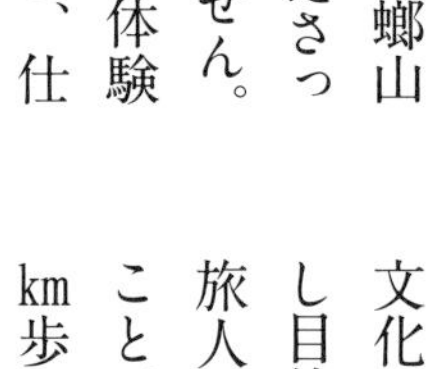

お菓子のういろう

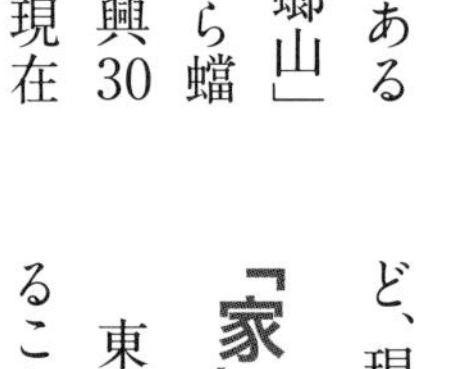

外郎博物館

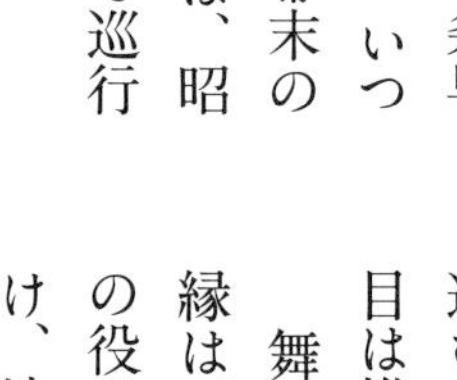

八棟造りの店舗

取り壊しが決まっていた江戸期の古民家を移築再生した店舗（左）。自然薯、白味噌、削り節、卵が使われ栄養満点の名物「とろろ汁」（上）。

我が宿場町・丸子とともに東海道の魅力を次世代へつなぐ

初代 丁子屋平吉が東海道の丸子宿にのれんを掲げ四百余年。地元丸子、そして東海道を人と人でつなぎ、次の世代へ―。丁子屋14代目が尽力する地域活性化への思いをうかがった。

四百年の老舗から発信

日本橋から数えて二十番目となる丸子宿に、慶長元（１５９６）年に創業、広重の浮世絵「鞠子 名物茶店」のモデルともいわれる「元祖 丁子屋」。「丸子は面白い町だから、ここで起業したい、住んでみたい、働いてみたい。若い人にそう思ってもらえるような丸子をいかに残していくか」。このことを念頭に、丸子宿を盛り上げる多彩な活動に携わるのが、丁子屋14代目・柴山広行さんだ。

若い世代にも好評なのは、「丁子屋」を窓口に、地元ボランティアガイドと連携・実施する体感型散策ツアー。地元あられ店と解体業者、さらにフェリー会社ともコラボし、丸子名物の自然薯と駿河湾産の塩を使った「とろろあられ」を商品化したばかりだ。

「丸子で商売する者同士で連携し、楽しく商売すれば、地域が盛り上がりお客様にも楽しんでいただける」と立ち上げたのは「丸子活性しよ～会」。大学生とともに地域のとろろ店を巡るイベントを開催したり、ＱＲコードで読み込める散策マップの配信を始めたりと、さらなる活性化に期待がかかる。

〝楽しむこと〟で後世に残す

「東海道はみんなが主役になれる道。江戸時代以上にワクワクする道になる」。こう話す柴山さんは、東海道を盛り上げる活動にも精力的だ。

「歴史的な話は、自分には関係のない昔のことと思われる方も多いのですが、過去が今につながり、未来にもつながっているのが東海道。各宿場には、さまざまな歴史や食、モノづくりなどの文化があり、それらを次の世代に伝えていくのが私たちの役目」と、ＮＰＯ歴史の道 東海道宿駅会議にも参加、現在は理事を務める。個人では、２０１８年から各宿場でがんばる人々をつないで紹介する「＃宿場なう」をスタート。完遂まで残りわずかとなった。

多彩な活動に取り組む柴山さんだが、その思考は軽やかだ。「大切なのは〝楽しむこと〟。東海道を後世に残さなければではなく、みんなが楽しんだ結果、後世に残った。それが理想です」

丁子屋14代店主
柴山広行さん・知子さん

2006年結婚、丁子屋入社。20年、広行さんが14代目丁子屋平吉を襲名。地域資源を生かした商品開発や情報発信、イベント開催など地域活性化に尽力。

東海道の“今”がひと目でわかる各宿場町のネットワークサイト

「＃宿場なう」は、2018年より始めた“人のつながり”で、今の宿場を紡いでいくいく取組です。江戸から大坂を結び57の宿場町を「五十七次」とする活動も盛んに行なわれており、丁子屋では同じ宿場町としての「五十七次」のつながりを支援しております。

＃宿場なう

東海道五十三次 ポストカード 販売中

12代目が20年かけて蒐集した、歌川広重の浮世絵「東海道五十三次」（55枚中52枚が1833年ごろの初版）をもとに、江戸当時の色味を再現した絵はがきセットも販売中（1,650円税込）。

元祖 丁子屋

㊟054-258-1066　㊘静岡県静岡市駿河区丸子 7-10-10
㊖平日：11時～14時、土日祝：11時～15時／16時30分～19時
㊦車：東名静岡インターより20分、電車：JR静岡駅よりバスで30分
https://chojiya.info/

丸子宿MAP
配信中

写真でたどる、現代の

東海道五十三次を往く

上巻 日本橋～袋井宿

―― ダイジェスト ――

昔も今もにぎわう、東海道の起点

日本橋

下町情緒あふれる道で幕末の息吹を感じる

一 品川宿

「六郷の渡し」の宿場、歴史伝える資料館も

二 川崎宿

外交の要衝となった幕末開港の舞台

三 神奈川宿

街道沿いに現存する、江戸時代建立の史跡

四 保土ケ谷宿

江戸発最初の宿泊地として栄えた宿場

五 戸塚宿

参詣の要衝としても栄えた宿場町

六 藤沢宿

七 平塚宿

遠く高麗山を眺めつつ、史跡を丁寧に巡りたい

八 大磯宿

文人や政客に愛された歴史ある景勝地

九 小田原宿

東西に難所を控え、多くの旅人が滞在

十 箱根宿

東海道随一の難所「天下の険」

十一 三島宿

文化・産業が発展、街道交わる門前町

十二 沼津宿

舟の往来や漁業で活気あふれた港町

十三 原宿

富士と並び称された白隠ゆかりの地

十四 吉原宿

宿場の移転で実現、名勝「左富士」

小休本陣をもつ、富士川舟運の渡船場

間宿 岩淵

宿場の雰囲気伝える、歴史ある古い町並み

十五 蒲原宿

せがい造りの街並みと桜えびが有名な宿場町

十六 由比宿

富士の絶景・薩埵峠を越える旅人が集う

間宿 西倉沢

峠越えの旅人を癒す風光明媚な宿場町

十七 興津宿

海上輸送の要衝としてにぎわった宿場町

十八 江尻宿

徳川家のお膝元、今なお栄える城下町

十九 府中宿

江戸期から残る茶屋で名物「とろろ汁」を

二十 丸子宿

二十一 岡部宿

山あいに佇む昔ながらの宿場町

二十二 藤枝宿

城下町の風情が残り、今も老舗が点在

二十三 島田宿

東海道きっての難所「越すに越されぬ大井川」

二十四 金谷宿

旅人を悩ませた急勾配の石畳坂へ

二十五 日坂宿

東海道三大難所、小夜の中山を越えて

二十六 掛川宿

山内一豊が整備した掛川城の城下町

二十七 袋井宿

五十三次の“どまん中”、旅人や飛脚の休憩所

下巻へ

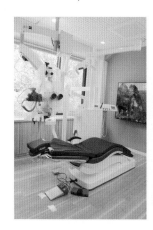

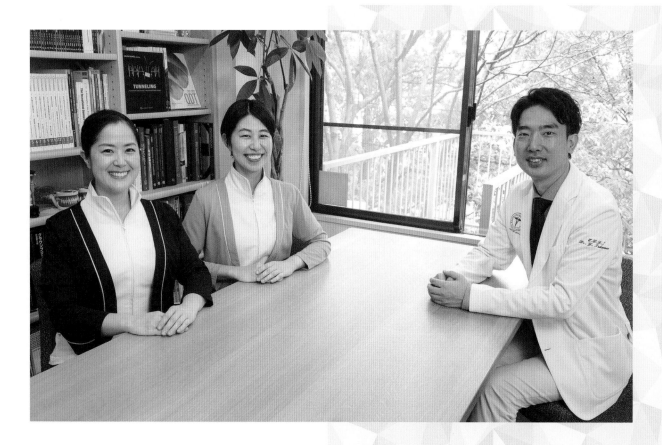

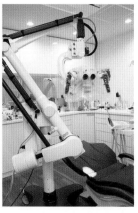

御雛

歩乃椛

徳川家康公

葵

飾兜
晴瑠
令和二年九月二十六日生

晴瑠
令和二年九月二十六日生

東海道五十三次 美味20選

上巻編 日本橋〜袋井宿

川崎宿
奈良茶飯風おこわ

旧東海道の川崎宿にあった茶屋「万年屋」の名物「奈良茶飯」を、現代風に仕立てたもの。冷凍発送、持ち帰りパック、注文後に蒸かす折詰も販売。

茶寮 木の実(東照本店併設)
☎044-244-5221
神奈川県川崎市川崎区本町1-8-9

川崎宿 よねまんじゅう

もとは江戸時代初め、浅草金龍山門前で売られていた。江戸中期から、鶴見の名物にも。薄い羽二重餅で餡を包んだ小さな俵型で、白餡·こし餡·梅餡の三種類がある。

御菓子司 清月　☎045-501-2877
神奈川県横浜市鶴見区鶴見中央4-28-18

保土ケ谷宿 宿場そば

初代が三重県の桑名で創業し、その後に保土ケ谷宿に移店した老舗そば屋。江戸情緒香る建物に、五十三次全宿場の名が付いた下駄箱、籠に載った天むすなど、至るところに宿場の雰囲気が漂う。東海道に魅了された四代目店主の近藤氏が、保土ケ谷宿のことはもちろん、東海道の楽しみを教えてくれる。

宿場そば 桑名屋　☎045-331-0233
神奈川県横浜市保土ケ谷区岩井町21

小田原宿 ういろう

室町時代に外郎(ういろう)家が国賓接待に供した米粉の蒸し菓子がはじまりで、もっちりした食感とほのかな甘さが特徴。もてなしの菓子として、今も小田原での販売を基本としている。

ういろう
☎0465-24-0560
神奈川県小田原市本町1-13-17

箱根宿

甘酒・力餅

名物の甘酒は、昔ながらの製法で米麹と米だけで作り、砂糖なしでも甘く、ノンアルコール。ブドウ糖やビタミン、アミノ酸が豊富で旅の疲労回復に最適だ。夏は冷たい甘酒も人気がある。備長炭でふっくら香ばしく焼き上げた力餅とともに。

甘酒茶屋
☎0460-83-6418
神奈川県足柄下郡
箱根町畑宿二子山395-28

原宿

白隠正宗 誉富士 特別純米酒

文化元(1804)年に東海道の宿場、原に創業。自家培養した酵母と富士山の伏流水とを使った、白隠禅師にちなむ特別純米酒は、自慢の一つ。

高嶋酒造
☎055-966-0018
静岡県沼津市原354-1

府中宿 **安倍川もち**

安倍川の手前の「創業文化元年 元祖安倍川もち」の大きなのれんが目印。かつては安倍川沿いに多くの茶屋が軒を連ねたというが、現在はこの店を残すのみ。店内で作りたてを味わうこともできる。

石部屋
☎054-252-5698　静岡県静岡市葵区弥勒2-5-24

蒲原宿

桜えび黄金丼

戦後まもなく創業、うなぎ、桜えび、地魚料理の店。新鮮な素材を一番おいしい方法で食べさせてくれる。

よし川
☎054-385-2524　静岡県静岡市清水区蒲原3-5-18

丸子宿

とろろ汁

自然薯に特製白味噌の味噌汁、卵、マグロの煮汁を加えて麦飯にかけたもので、東海道有数の難所、宇津ノ谷峠を越す旅人たちの滋養強壮の源になっていたという。

元祖 丁子屋
☎054-258-1066
静岡県静岡市駿河区丸子7-10-10

日坂宿

深蒸し日坂茶

掛川市日坂産の茶葉だけを伝統の深蒸し製法で仕上げた緑茶。すっきりとした味わいが特徴。日坂宿周辺で販売している。

山英
☎0120-27-1024
静岡県掛川市日坂121

東海道五十三次 美味20選

下巻編 見付～三条大橋

岡崎宿 あわ雪

かつて東海道名物として旅人に人気だった「あわ雪豆腐」を備前屋の三代目が、卵白を泡立て、寒天、精糖を混ぜて固めた棹物菓子として創製した。淡雪のようにやさしくまろやかな味わい。

備前屋本店　☎0564-22-0234
愛知県岡崎市伝馬通2-17

見付宿 栗餅

栗の入った餅を餡で包んだ、食べやすい大きさの菓子で見付天神名物。もちもちっとして軟らかく、甘さは控えめ。

井口製菓
☎0538-32-3951
静岡県磐田市見付2663

知立宿 元祖あんまき

知立古城址の近くにある小松屋本家の「元祖あんまき」は130年以上の歴史があり、今も一つ一つ手焼きで作る。黒あんと白あんがある。

小松屋本家　☎0566-81-0239
愛知県知立市西町西83

吉田宿 菜めし田楽

きざんだ大根の葉を混ぜた「菜めし」、串刺しで焼かれた豆腐に味噌ダレがかけられた「田楽」を合わせたのが「菜めし田楽」。たんぱく質を含み、腹を満たすことから、旅人に愛されてきた。文化年間創業の「きく宗」では、地元産の大根、自家製豆腐を使用。昔ながらの素朴な味が楽しめる。

菜めし田楽 きく宗
☎0532-52-5473　愛知県豊橋市新本町40

宮宿 きよめ餅

江戸中期に熱田神宮西門近くにあった「清め茶屋」にちなみ、きよめ餅総本家創始者が売り出したことが始まり。以来、「熱田詣りに、きよめ餅」と親しまれている。こし餡をやわらかい羽二重餅でくるんだ銘菓。

きよめ餅総本家
☎052-681-6161　愛知県名古屋市熱田区神宮3-7-21

関宿 関の戸

関宿で江戸時代寛永年間より作り続けている「関の戸」は、赤小豆のこし餡を求肥餅で包んで和三盆糖をまぶした餅菓子。

深川屋　☎0595-96-0008
三重県亀山市関町中町387

土山宿
鴨せいろそば

土山宿では貴重な食事処で甘味もそろっている。店主は東海道通で東海道のことを色々と教えてくれる。民芸品や雑貨の展示販売も。

民芸・茶房 うかい屋　☎0748-66-0168
滋賀県甲賀市土山町南土山甲328

石部宿
豆腐とこんにゃくの田楽

広重の絵に描かれた茶店を再現した「田楽茶屋」で、名物の田楽などが食べられる。

石部宿 田楽茶屋
☎0748-77-5300
滋賀県湖南市石部西1-8-19

草津宿 うばがもち

草津産のもち米「滋賀羽二重糯」で作った餅を北海道産小豆のこしあんで包み、その上に白あんと山芋の練りきりを載せて乳房を表している。400年以上の歴史がある草津宿の名物。

うばがもちや本店
☎077-566-2580　滋賀県草津市大路2-13-19

大津宿 走り井餅

清らかな水が勢いよく湧き出る「走井」と呼ばれた井戸のそばに茶屋が立ち並び、この湧水で餅を作ったのが始まりといわれ、東海道の名物となった。

走り井餅本家
☎077-528-2121
滋賀県大津市横木1-3-3

あとがき

２０１６年６月に東京・日本橋を出発し、京都への長い取材行脚がスタートした。京都に着いたのは２０２３年９月。実に７年以上の年月がかかってしまったが、その間、新型コロナウイルスの感染拡大の影響により２年もの間、取材の中断を余儀なくされた。

それでも、この７年で情報発信のデジタル化はますます勢いを増し、今やＳＮＳなどインターネット上にはあらゆる情報が氾濫し、東海道五十三次に関するものだけ見ても数えきれないほどのサイトが見つかる。ずいぶん便利な世の中になったものだと感心する一方で、ふと疑問も湧いてくる。これらのデジタル情報は果たして未来永劫残るのだろうか？と。永久にとまでは言わないが、１００年後、50年後、いやせめて30年後に見ることができるウェブサイトが果たしてどれだけ残っているのだろうか？と。

私の手元に、今から70年近く前の昭和30年代に発行された東海道五十三次を題材にした本が数冊ある。それぞれ当時の東海道の風景写真がたくさん掲載されたもので、モノクロ写真ながら当時の様子をリアルに伝えてくれている。いわば私のバイブル的な本だが、その時代の風景や風俗を記録に残し、後世に伝えていくのはとても有意義なことで、新旧の写真を対比して見ることで東海道は今も生き続け、変化し続けていることを実感する。そういう意味でも先人、諸先輩方の功績に改めて頭が下がる思いだ。

しかし、情報のデジタル化に伴い、本が売れない時代になると、このように紙媒体にまとめて出版することが難しくなってきている。正直言って、今回の出版も採算を第一優先に考えたら実現できない企画であった。しかし、出版業界の片隅に身を置くものとして、生涯で一冊くらい（上下巻二冊だが）後世に残せる歴史的な意義のある本を出版したいという思いも強く、それにご共感いただけたスポンサー様にも恵まれて、なんとか出版にこぎつけた。もっとも自分の趣味を仕事という建前で無理に実現させてしまった後ろめたさもあるが、おそらくこの本に記録された風景も数十年後には変わってしまうだろうことを思えばお許しいただけるのではないか。

いずれにせよ、この本が東海道を愛好する方々のお役に立ち、さらに今の時代の風景や風物を50年後、１００年後に伝えられたら発行人として望外の喜びである。

２０２４年１月

発行人　中村和広

111(京都側)。前照灯は1900系(旧1810型)からの取外品を取付。
淀車庫　平成9/1997-2-28

111(大阪側)。淀車庫　平成5/1993-7-26

平成5/1993-7-26

平成5/1993-7-26

写真提供ならびに編集協力(五十音順)
朝倉圀臣・朝日新聞社・阿部一紀・生地健三・井上文雄・今井啓輔・内田利次・沖中忠順・奥野利夫・鹿島雅美・北田正昭・栗生弘太郎・篠原　丞・髙田隆雄・髙田　寛・高橋　修・高橋　弘・立島輝雄・直山明徳・中井良彦・中谷一志・西野信一・羽村　宏・林　基一・藤井克己・藤本哲男・藤原　進・宮崎文夫・山口益生・山本淳一・山本定佑・湯口　徹・吉岡照雄・髙間恒雄(レイルロード)

車歴表
西野信一

資料提供
国立公文書館

主要参考文献

日本版PCC電車の一例　野上純三郎(電気車の科学1953年10月号)
平行軸可撓動力装置　島 文雄(電気車の科学1953年10月号)
京阪電鉄の第二次新形車両　野上純三郎(電気車の科学1954年6月号)
台車とわたし③　髙田隆雄(鉄道ジャーナル　1975年7月号)
京阪電鉄における新型台車の発達過程　真鍋裕司(鉄道ピクトリアル695号)
京阪電気鉄道1800系の技術史　澤内一晃(鉄道ピクトリアル　1004号)
平行軸可撓動力装置　島 文雄(電気車の科学1953年10月号)
細密イラストで見る　京阪電車 車両の100年(京阪電気鉄道)
ミニヒストリー　京阪電車・車両70年(京阪電気鉄道)
車両発達史シリーズ1　京阪電気鉄道　藤井信夫 編(関西鉄道研究会)
私鉄電車ガイドブック 5.　阪急・京阪・阪神(誠文堂新光社)
私鉄電車のアルバム　各号(交友社)
アーカイブスセレクション25　京阪電気鉄道1960 ～ 70(鉄道図書刊行会)
京阪特急　沖中忠順(JTBパブリッシング)
京阪電車　清水祥史(JTBパブリッシング)
京阪ロマンスカー史　上・下(プレス・アイゼンバーン)
京阪特急カラーの遥かな記憶　栗生弘太郎(レイルNo.85)
カラーブックス　京阪　各号(保育社)
フイルムの中の京阪電車(卵型研究会)
モノクロームの京阪電車(卵型研究会)
鉄道雑誌各誌(京阪電気鉄道紹介号)
サイドビュー京阪1・2(レイルロード)

ご協力いただきました関係各位に厚く御礼申し上げます。

京阪1800　ー車両アルバム.40ー

レイルロード　編

2023/令和5年11月10日　初版発行
2023/令和5年12月15日　2版発行
発行ーレイルロード
〒560-0052　大阪府豊中市春日町4-7-16
http：//www.railroad-books.net/

発売ー株式会社　文苑堂
〒101-0051　東京都千代田区神田神保町1-35
TEL(03)3291-2143　FAX(03)3291-4114